Wolfgang Kellner

Verfolgung und Verstrickung
Hitlers Helfer in Leer
Studie zur Rolle der Kommunen und ihrer Führungskräfte an ausgewählten Beispielen

gegen das Vergessen!

Wolfgang Kellner

6.12.2017

Für Mechthild

Wolfgang Kellner, Verfolgung und Verstrickung, Hitlers Helfer in Leer

Umbruch und Titelgestaltung: Axel Camici
Titelfoto: Bürgervorsteherversammlung in Leer, am 27. April 1933, Quelle Stadtarchiv Leer
Verlag und Druck: tredition GmbH, Halenreie 42, 22359 Hamburg
ISBN: paperback 978-3-7439-6806-6
ISBN: e-book 978-3-7439-6807-3

Wolfgang Kellner

Verfolgung und Verstrickung
Hitlers Helfer in Leer

Studie zur Rolle der Kommunen und ihrer Führungskräfte
an ausgewählten Beispielen

„Hatten die Menschen gelernt aus Opfern und Leiden, aus Niederbruch und Verhängnis, aus dem Triumph des Gegners und der Verzweiflung des Volkes, hatten sie Sinn und Mahnung und Verpflichtung jener Zeiten begriffen“

Ernst Toller 1933 [1]

---

*1 Ernst Toller, Eine Jugend in Deutschland, S. 237
Toller war ein deutscher Jude, Kriegsfreiwilliger des Ersten Weltkriegs, Revolutionär der Münchner Räterepublik und Schriftsteller. Sein Name steht auf der ersten Ausbürgerungsliste des Deutschen Reiches vom 23. August 1933 mit u.a. Lion Feuchtwanger, Alfred Kerr, Heinrich Mann und Kurt Tulcholski. Unterzeichnet war der Erlass von Dr. Pfundtner (Reichsinnenministerium). S. 442*

Inhalt:

Vorwort

Es ist nicht alltäglich, dass ein Bürgermeister ein Buch über die Geschichte seiner Stadt schreibt. Wenn es doch einmal geschieht, dann handelt es sich meist um Erinnerungen an die eigene Amtszeit oder um Schilderungen besonderer Glanzzeiten der Stadt.

Wolfgang Kellner dagegen hatte schon, als ich ihn vor sechs Jahren im Staatsarchiv Aurich kennenlernte, das Ziel, eine wissenschaftliche Darstellung über Opfer und Täter der nationalsozialistischen Verfolgungsmaßnahmen in Leer zu schreiben. Es hat mich von Anfang an beeindruckt, dass er die Mühen des wissenschaftlichen Arbeitens auf sich genommen und ein Thema gewählt hat, mit dem man sich nicht nur Freunde macht.

Es ist kein gewöhnliches wissenschaftliches Buch geworden, in dem die Ereignisse aus großer Distanz geschildert werden, sondern eine engagierte Darstellung voller Empathie für die Opfer, in der der Autor mit seiner eigenen Meinung zu den Geschehnissen nicht hinter dem Berg hält.

Anlass für seine Recherchen war, dass er im Rahmen der Wiedereinsetzung der Kaiserfenster im Rathaussaal, einen Brief eines Leeraner Bürgers an den Reichsinnenminister fand, der sich über den Bürgermeister Drescher beschwerte, der die Fenster hatte herausreißen lassen, weil künftig nationalsozialistische Symbole den Raum prägen sollten. So stieß Wolfgang Kellner auf eine Gruppe von Menschen in Leer, die nur deshalb verfolgt wurden, weil sie dem Bürgermeister oder anderen Mitbürgerinnen und Mitbürgern missfielen. Solche Opfer der im NS-Jargon „Aktion Arbeitsscheu Reich" genannten Aktion sind bislang kaum in das Blickfeld der historischen Forschung gelangt. Diese Aktion bot den örtlichen NSDAP- Machthabern viele Möglichkeiten, ihnen missliebige Mitbürger zu verfolgen und sich dafür einzusetzen, dass sie in Konzentrationslager gebracht wurden. Während es Wolfgang Kellner in seinem Aufsatz im Emder Jahrbuch von 2015 vor allem um das Schicksal der Opfer ging, leuchtet er in diesem Buch darüber hinaus den Handlungsspielraum der Verwaltungsspitzen, namentlich des Bürgermeisters Erich Drescher und des Landrats Dr. Hermann Conring, stärker aus und ergänzt vor allem die Biographie Conrings durch neue Quellenfunde. Er kommt zu der Einschätzung, dass im Rahmen der „Aktion Arbeitsscheu 1938" - wie auch schon zuvor – in der Stadt und im Landkreis Leer im Vergleich mit anderen ostfriesischen Kommunen besonders viele Menschen verfolgt wurden.

Daran waren u.a. auch Bürgermeister der Landgemeinden des Kreises, NSDAP – Ortsgruppenleiter und Ortspolizisten beteiligt. Auch „einfache" Bürgerinnen und Bürger denunzierten ihre Mitbürger. Ihre Verfolgung – so die erschreckende Bilanz von Wolfgang Kellner – erfolgte oft im Einklang mit der Mehrheitsgesellschaft.

Um seine Ergebnisse gewichten zu können, hat er seinen Blick nicht auf Ostfriesland beschränkt, sondern die bisherige Literatur zur Geschichte der Verfolgung von Minderheiten und die über die breite Zustimmung zur NS-Diktatur im Reich herangezogen, Kontakte mit anderen Forscherinnen und Forschern geknüpft und seine Ergebnisse mit ihnen ausgetauscht. Damit hat er die neu einsetzende Welle wissenschaftlicher Auseinandersetzung mit der NS-Zeit in Ostriesland gestärkt. Ich wünsche ihm und mir, dass sein Buch viele Leserinnen und Leser findet.

Professor Dr. Bernhard Parisius, Oktober 2017

Abkürzungen:

BArch	Bundesarchiv
BDC	Berlin Document Center
ITS	International Tracing Service, Bad Arolsen
NARA	National Archives and Records Administration Washington DC
NIOD	Nederlands Institut voor Oorlogsdocumentatie (Sitz: Amsterdam)
NLA AU	Niedersächsisches Landesarchiv - Standort Aurich -
NLA OL	Niedersächsisches Landesarchiv - Standort Oldenburg
TNA	The National Archives Kew

Anmerkung:

Originalzitate wurden nicht an die gültigen Rechtschreibregeln angepaßt.

Vorbemerkung[2]

Warum diese Studie? Haben Strukturen und Entscheidungen im NS-Staat etwas mit uns heute zu tun?

Auf den ersten Blick betrachten wir eine ferne Zeit, die so nicht wiederkommen wird. Bei genauerem Hinsehen zeigt sich ein anderes Bild: Begriffe wie „Volksgemeinschaft“ oder „Überfremdung“ werden wieder benutzt wie in den zwanziger und dreißiger Jahren des vorigen Jahrhunderts. Die Millionen Opfer dieser Politik der Ab- und Ausgrenzung, von Nationalismus und Rassismus werden oft ausgeblendet. Diese Studie soll helfen, gegenwärtige Entwicklungen besser einordnen zu können.

Das Erstaunliche und zugleich Erschreckende ist, dass der Nationalsozialismus die vorgefundenen Strukturen mit ihren Funktionsträgern nutzen konnte. Besonders effektiv im Sinne der Nationalsozialisten arbeiteten die Stadt und der Landkreis Leer unter Bürgermeister Drescher und Landrat Dr. Conring.

Die Gefahren heute lauern nicht in der Abschaffung vorhandener Strukturen, sondern in der schleichenden Transformation der Inhalte der Arbeit der Funktionsträger in Richtung Hass und der Ausgrenzung Andersdenkender und Fremdstämmiger.

Anlass dieser Studie war eine Recherche über die Geschichte der „Kaiserfenster“ des Festsaales des Leeraner Rathauses. Dabei fand sich im Stadtarchiv Leer die Kopie eines von dem Leeraner Bürger Heinrich Ukena am 4. Oktober 1934 verfassten Briefes. Er war ad-

---

2 Die vorliegende Arbeit ist eine wesentliche Erweiterung des Aufsatzes des Autors in dem Emder Jahrbuch, Band 95 (2015), S.341 - 374.
Ich bedanke mich bei den Mitarbeitern des Stadtarchivs Leer, bei Prof. Dr. Bernhard Parisius und Dr. Michael Hermann vom Niedersächsischen Landesarchiv - Standort Aurich , der Leiterin des Archivs der Gedenkstätte Buchenwald, Sabine Stein, Andrea Hoffmann vom ITS Arolsen - Recherche -, Dr. Paul Weßels (Ostfriesische Landschaft) für die Unterstützung und Hilfe, Alie Noorlag (Stadskanal) für die Hilfe bei der Recherche in niederländischen Archiven. Besonders herzlich bedanke ich mich bei Herrn Prof. Dr. Walter Pehle, Dreieich, für die kritische Durchsicht und außerordentliche Hilfestellung. Heiko Suhr danke ich für das wissenschaftliche Lektorat.

ressiert an den „Herrn Reichsminister des Innern". Ukena kritisierte darin, dass Bürgermeister Erich Drescher die „Kaiserfenster" [3] des Festsaales im Rathaus hatte entfernen lassen.[4]

Der in der Rückschau für die NS-Zeit ungewöhnliche und mutige Schritt Ukenas, den Bürgermeister und NSDAP-Gauinspekteur bei übergeordneten Stellen zu kritisieren, bewog mich, mit Nachforschungen über diesen Leeraner Bürger zu beginnen. Ich sprach mit dem Verleger und Buchhändler Theodor Schuster. Wenige Tage später schrieb er mir:"...der von Ihnen gesuchte Ukena müsste Heinrich geheißen haben und nach meiner Erinnerung in der Innenstadt, Ecke Ostersteg/Heisfelder Str. gewohnt haben...Soweit ich mich erinnere, hat man ihn seinerzeit ins KZ gesteckt."

In dem von Theodor Schuster mitgeschickten Auszug aus dem von ihm erstmals 1954 verlegten Buch Liebe kleine Stadt teilt der Autor Carl Theodor Saul[5] u.a. folgendes über „Heini U." mit:"..der immer den Kopf voller Ideen hatte und sich für einen genialen, aber von seinen Mitbürgern verkannten Erfinder hielt..."

Über sein wahres Schicksal wird in dem Buch über die „Idylle" in Leer nicht berichtet.

Ich wollte mehr über diesen Mann erfahren und begann in Archiven zu forschen und Zeitzeugen zu befragen. Ich fand dabei weitere bisher nicht publizierte Spuren des NS-Regimes in der Region Leer.

Ukena war nicht als Einzelner in ein Konzentrationslager gebracht worden, sondern gehörte zu einer vielköpfigen Gruppe von Männern aus Leer und Umgebung, die ab Sommer 1938 in elenden Holzbaracken des Konzentrationslagers (KZ) Buchenwald und im KZ Sachsenhausen inhaftiert waren. Ich stellte fest, dass vier dieser Männer dort starben, darunter Heinrich Ukena. Diese Männer waren im Sinne der NS-Ideologie als „Schädlinge im Volkskörper"

---

3 Sie stellten in Buntglas die Kaiser Wilhelm I., Friedrich III. und Wilhelm II. dar.

4 Stadtarchiv Leer, Rep. 1

5 Saul war nach Angaben in dem „Biographischen Lexikon" der Ostfriesischen Landschaft von 1931 - 1939 Leiter von Polizei- und Heeresfachschulen (BLO I S. 295 - 296)

und als „asozial/arbeitsscheu“ oder als „Querulanten“ gebrandmarkt worden. Ihr Schicksal wurde weitgehend vergessen.

Die Mehrheit der Deutschen erlebte das Jahr 1938 ganz anders: Als erfolgreiches Jahr des „Führers“ mit dem Anschluss von Österreich an das Deutsche Reich und dem Einmarsch in das Sudetenland. Die Künstler Heinz Rühmann[6], Rudi Schuricke und Zarah Leander unterhielten die „Volksgenossen“. Bei den Filmfestspielen in Venedig wurde der Film „Fest der Völker“ von Leni Riefenstahl über die Sommerolympiade 1936 in Berlin ausgezeichnet.[7]

Das Jahr 1938 in Leer: Es wurde eine Kaserne gebaut. Eine weitere Eskalation in der Verfolgung der jüdischen Mitbürger seit 1933 ereignete sich im November: Leeraner Bürger in SA-Uniformen und der Bürgermeister Erich Drescher brannten die Synagoge nieder. Die jüdischen Familien wurden in den Viehhof getrieben, die Männer zeitweise im KZ Sachsenhausen inhaftiert.

Es ist nach meiner Auffassung notwendig, Aspekte der NS-Zeit in einem Mikrokosmos wie einem Landkreis oder einer Stadt darzustellen, um sie als nützliche Erkenntnisse für die Gegenwart und Zukunft zu gewinnen. Eine solche Darstellung wäre jedoch unvollständig, wenn sie die Geschichte der Opfer des Regimes ohne die gesellschaftlichen Strukturen und handelnden Personen, die den Terror ermöglichten, schilderte. „Die Strukturen nationalsozialistischer Herrschaft und die ihnen zugrundeliegenden Einstellungen sind die wichtigsten Gründe...bis zum absoluten Ende zu kämpfen“, so der Historiker Ian Kershaw zu den Ursachen der unangefochtenen NS-Herrschaft.[8]

Das NS-Regime in der Zeit zwischen der Phase der Machtübernahme in den Jahren 1933/1934 mit der Verfolgung und Vernichtung der politischen Gegner einerseits und den barbarischen Kriegsjahren

6 Rühmann ließ sich 1938 von seiner jüdischen Ehefrau scheiden. Guido Knopp, Hitlers nützliche Idole, S. 8

7 Riefenstahls Dokumentation über den NS-Parteitag 1934 gilt bis heute als der wirkungsreichste Propagandafilm aller Zeiten. Guido Knopp, ebenda, S. 291

8 Kershaw, Ian, Das Ende, S. 541

ab 1939 und dem millionenfachen Mord an den europäischen Juden andererseits, war in dieser Zwischenzeit kein friedfertiger „normaler" Staat. Aufrüstung und „Säuberung des Volkskörpers" waren die bestimmenden Ziele des Regimes offenbar im Einklang mit der Mehrheitsgesellschaft. Hitler sagte 1937: Zur Lösung der deutschen Frage könne es nur den Weg der Gewalt geben, dieser niemals risikolos sein.[9] „An Kriegsvorbereitung hat es Hitler in den Jahren 1933 - 1939 ja denn auch nicht fehlen lassen, aber was er schuf, war eine Kriegsmaschine, kein Staat" (Sebastian Haffner).[10]

Die Vorbereitung des Krieges konnte auch in Leer jeder Einwohner seit 1933 an den Luftschutzübungen erkennen.[11] Das erwartete Kriegsszenario beschrieb das Leeraner Anzeigeblatt schon kurz nach dem Machtübergang, am 27.4.1933: „Inzwischen waren die feindlichen Flugzeuge über Leer erschienen und hatten Gas-, Brand- und Sprengbomben abgeworfen..."

Der Terror war kein „Aktionismus" allein der fanatischsten Nationalsozialisten; er war offenbar tief in den Einstellungen der Gesellschaft vorhanden.

Wie war es in Leer möglich, in welchem Umfeld, mit welchen handelnden Personen vor Ort und in welchen Strukturen, dass ein Bürgermeister in den Tod getrieben wurde, politische Gegner und andere Bürger in Konzentrationslager gebracht wurden und dort starben, Frauen und Männer zwangssterilisiert wurden und dass Denunziantentum und die Bespitzelung zum Alltag gehörten?

Das Unrecht geschah nicht einfach, es wurde getan von vielen Handlangern des Regimes. Diese Studie schildert, wie die Amtsträger nicht nur in diesem Fall „funktionierten". Durch Zitate aus den Akten wird sichtbar, dass die menschenverachtende Sprache des Nationalsozialismus ohne Zögern von den Amtsträgern verwandt

9 Sog. Hoßbach-Niederschrift über die Besprechung in der Reichskanzlei mit dem Reichskriegsminister, den Oberfehlshabern der Wehrmacht und Reichsaussenministeram 5. November 1937 (BArch, RW8/18, Bl. 2 - 8) Oberst Hoßbach war Hitlers Adjudant.

10 Haffner, Sebastian, Anmerkungen zu Hitler, S. 111

11 Eimers, Enno, Kleine Geschichte der Stadt Leer, S. 109 f.

wurde und deren Handeln bestimmte.[12] „Der Nationalsozialismus hat die problematischsten (um nicht zu sagen die schlechtesten) Eigenschaften der Menschen hervorgelockt und prämiert. Widersacher dagegen mit Gewalt zum Schweigen gebracht.“[13]

Es zeigt sich, dass Normalität und Terror in einer erstaunlichen Parallelität existierten.

Zur Frage der Schuld und der Verstrickung der Menschen im NS-Staat schrieb der Philosoph und Psychiater Karl Jaspers, der mit seiner jüdischen Frau der Deportation entkam, im Jahre 1946.“ Es ist ein Unterschied zwischen den Aktiven und den Passiven. Die politisch Handelnden und Ausführenden, die Leitenden und die Propagandisten sind schuldig...Jedoch jeder von uns hat schuld, sofern er untätig blieb. Die Schuld der Passivität ist anders. Die Ohnmacht entschuldigt: der wirkungsvolle Tod wird moralisch nicht verlangt... Im Sich fügen der Ohnmacht blieb immer ein Spielraum zwar nicht gefahrloser, aber mit Vorsicht doch wirksamer Aktivität. Ihn ängstlich versäumt zu haben, wird der einzelne als seine Schuld anerkennen...Die moralische Schuld im äußeren Mitgehen, das Mitläufertum, ist in irgendeinem Maße sehr vielen von uns gemeinsam.“[14]

Die Frage, ob dies jemals wieder, wenn auch unter anderen Bedingungen, geschehen kann, muss immer wieder neu gestellt werden.

Es ist wichtig, Vergessenes aus der Vergangenheit in die Gegenwart zu holen um den Blick für das Heute zu schärfen. Verantwortung für Gegenwart und Zukunft können wir erst übernehmen, wenn wir auch das Vergangene kennen.

---

12 Zu dem Vorwurf der „Handlangerschaft“ der traditionellen Beamtenschaft sh. Dirk Pöppmann in Widerstand und Auswärtiges Amt, Jan Erik Schulte & Michael Wala (Hg.) Zur Funktion der Sprache im NS-Staat sh. Craig, Gordon A., Über die Deutschen, S. 356 f.. Mit einem ähnlichen Sprachgebrauch sicherte sich ein Rechtsanwalt erhebliche Stimmenanteile bei den Kommunalwahlen in Leer (Der Fall Koch, Eine kommentierte Dokumentation, Hg.: F. Maschmeyer-Pühl, M. Tammena, G. Beykirch. K. Hinzpeter, Th. Schuhmacher, Leer, 1999.

13 Wirsching, Andreas, Das Jahr 1933, S. 23

14 Jaspers, Karl, Die Schuldfrage (1946), S. 15 f.

Der lange Weg vom Kaiser zum Führer – Wie sich der NS-Staat in Leer etablierte

In etwa der Mitte einer nur vierzigjährigen Zeitspanne zwischen dem Deutsch-Französischen Krieg mit der Reichsgründung 1871 und dem Beginn des neuen Krieges 1914 wurde das Reichstagsgebäude 1894 von Kaiser Wilhelm II. in Berlin eingeweiht. Der Architekt des Bauwerks, Paul Wallot, war auch Mitglied der Jury zur Auswahl des Leeraner Rathausentwurfes. Auch dieses Gebäude wurde 1894 fertiggestellt.

Das neue Rathaus war in der Erwartung einer rasanten Stadtentwicklung unter der Führung von Bürgermeister Dieckmann von Professor Henrici[15] groß und repräsentativ geplant worden.

Prunkstück des Rathauses war und ist der Große Festsaal. An der westlichen Stirnwand wurden drei Fenster mit Glasmalereien eingebaut, die Kaiser Wilhelm I., Friedrich III. und Wilhelm II. darstellten, die „Kaiserfenster". Wilhelm I. starb 1888, die Amtszeit des Nachfolgers, des liberalen Friedrich III. dauerte nur 99 Tage, es folgte ihm Wilhelm II. als 29-jähriger auf den Thron. Er verkörperte in einem ungewöhnlichen Maße die politische Kultur seiner Zeit. Er war so, wie die meisten seiner Zeit ihn haben wollten.[16]

Heinrich Ukena hatte den Abriss des Stadthauses und den Neubau des Rathauses als 11-jähriger Junge miterlebt. Er wohnte gegenüber der Baustelle, so erinnert sich seine Cousine Helga Dittmann.[17]

Das Jahr 1894 war darüber hinaus das Geburtsjahr von Hermann Conring und Erich Drescher. Vierzig Jahre später waren sie die herrschenden Vertreter des NS-Staates in Leer. Ihr Wege kreuzten sich auch wegen der „Kaiserfenster" mit dem von Heinrich Ukena.

---

15 Er war Stadtbaumeister in Harburg und danach Professor für Architektur in Aachen.
16 Röhl, John C. G., Kaiser, Hof und Staat, S. 18
17 Aufzeichnung von Helga Ukena verh. Dittmann (Im Besitz d. Verf.)

Das Jahr 1894 befand sich mitten in der „Wilhelminischen Zeit". Deutschland war mit seinen 67 Millionen Einwohnern die wohlhabendste, mächtigste und am meisten entwickelte Volkswirtschaft des Kontinents. Der Lebensstandard hatte sich spätestens seit der Jahrhundertwende sprunghaft verbessert. Rückblickend aus der Weimarer Zeit erschien vielen Deutschland als Insel des Friedens, des Wohlstands und der sozialen Harmonie.[18] Sebastian Haffner erklärt diese Zeit für die glücklichste, die das Deutsche Reich in seiner kurzen Zeit gehabt hat.[19] Auch die Stadt Leer war in dieser Zeit geprägt von Wachstum und Prosperität. Der Neubau des Rathauses war Ausdruck dieser Blütezeit. Als Zeichen einer wirtschaftlichen Hochkonjunktur wertet Enno Eimers, dass bei dem Bau der Leeraner Seeschleuse (1900-1902) die Firmen Arbeiter aus Italien anwarben und die Unternehmer gezwungen waren, Arbeiteranliegen stärker zu berücksichtigen.[20]

Auf der anderen Seite führten die rasche Industrialisierung und die sozialen Ängste, die durch die gesellschaftlichen Veränderungen hervorgerufen wurden, zu Spannungen, die sich in einem immer geräuschvolleren Nationalismus zusammen mit Rassismus und Antisemitismus entluden. Der politische Mahlstrom, aus dem schließlich der Nationalsozialismus hervorgehen sollte, war schon lange vor dem Ersten Weltkrieg in heftigster Bewegung.[21] Trotz aller vordergründigen Friedlichkeit, schon vor dem Ersten Weltkrieg trug Europa Keime des kommenden Gewaltausbruchs in sich. Feindschaften und Hass - ob nationalistisch, religiös, ethnisch oder klassenpolitisch motiviert - entstellten so gut wie jede Gesellschaft, so der englische Historiker Ian Kershaw.[22]

Diese sollte Jahrzehnte später auch zu den tragenden Elementen für die Gründung einer Partei nach dem Krieg werden, der Nationalsozialistischen Deutschen Arbeiterpartei.

---

18 Evans, Richard J., Das Dritte Reich - Aufstieg -, S. 64 f.
19 Haffner,Sebastian, Von Bismarck zu Hitler, S. 88
20 Eimers, Kleine Geschichte der Stadt Leer
21 Evans, Enno, a.a.O., S. 66 u. 91
22 Kershaw, Ian,Höllensturz, S. 39

1895, ein Jahr nach Einweihung des Reichstagsgebäudes und des Rathauses, veröffentlichte Gustave Le Bon das Buch „La Psychologie des foul“ (1911 auf Deutsch als “Psychologie der Massen“ erschienen), welches kommenden Generationen von Politikern als das Rezeptbuch für Propaganda galt. Es heißt dort: Meistens sind die Führer keine Denker, sondern Männer der Tat...Man findet sie namentlich unter den Nervösen, Reizbaren, Halbverrückten, die sich an den Grenzen des Irrsinns befinden...Die Stärke ihres Glaubens verleiht ihren Worten eine große suggestive Macht...Die in der Masse vereinigten Einzelnen verlieren allen Willen und wenden sich instinktiv dem zu, der ihn besitzt.“[23] Aus heutiger Sicht eine prophetische Schilderung der kommenden Führungsgestalten. Auch Hitler übernahm in Mein Kampf Le Bon´s Thesen: „Die Aufnahmemöglichkeit der großen Masse ist nur sehr beschränkt, das Verständnis klein, dafür jedoch die Vergeßlichkeit groß“. Und „Jede Propaganda hat volkstümlich zu sein und ihr geistiges Niveau einzustellen nach der Aufnahmefähigkeit des Beschränktesten...“.[24]

In einem Leitartikel der „Allgemeinen Zeitung des Judenthums“ vom 28. Dezember 1894[25] stellt der Verfasser fest: “Eine Generation ist in das öffentliche Leben getreten, welche auf Schule und Universität mit den Ideen des Antisemitismus bekannt gemacht worden ist. Das ist ein verhängnisvoller Faktor, mit dem wir noch lange zu rechnen haben werden.“ Die Deutsch-Konservative Partei nahm bereits 1892 den Antisemitismus in ihr offizielles Programm auf.[26]

Schon in der Ausgabe vom 18. Dezember 1891 hatte die Zeitung berichtet, dass in Leer die erste Antisemiten-Versammlung in Ostfriesland stattfand. Es bildete sich jedoch gleichzeitig ein „Verein zur Abwehr des Antisemitismus“, dem, so die Zeitung, „sofort die angesehensten Bürger der Stadt ohne Unterschied der Konfession und

---

23 Gustave Le Bon, Psychologie der Massen, S. 112 f.. Le Bon, geboren 1841, war französischer Militärarzt und Verfasser mehrerer völkerkundlicher Studien

24 zitiert in: Kühnl, Reinhard, Der deutsche Faschismus in Quellen und Dokumenten, S. 102/103

25 Goethe Universität Frankfurt Compact Memory UB (www.sammlungen.ub.uni-frankfurt/cm/perodical)

26 Röhl, John C. G., a.a.O., S. 212

politischen Stellung beigetreten sind... An der Spitze des hiesigen antisemitischen Reformvereins stehen zwei Lehrer, ein lutherischer Volksschullehrer und ein königlicher Navigationslehrer". Auch in weiteren drei Ausgaben der Zeitung aus dem Jahre 1894 wurde über antisemitische Propaganda in Leer berichtet. In einem Artikel vom 20. Juli 1894 wird festgestellt:"...jedoch bis jetzt war der einsichtsvolle Teil hiesiger Stadt für den Sozialismus der Dummen nicht zu gewinnen".

Bekannt wurde der ursprünglich nur durch die Badegäste praktizierte Bäder-Antisemitismus auf der Insel Borkum. Schon 1897 erklärte eine von Hauptlehrer Huismann verfasste Inselbroschüre die Insel für „judenfrei". Die antisemitischen Badegäste stellten Schilder auf mit der Aufschrift „Für Juden und Hunde verboten". Das „Borkum-Lied" mit Schmähungen gegenüber Juden wurde weithin berühmt-berüchtigt.[27]

In Ostfriesland gab es schon weit vor 1933 antisemitische Ausfälle und den „alltäglichen Rassismus". Saul schildert, wie in Leer ein ehemaliger Offizier in den ersten Tagen des Ersten Weltkrieges den Wagen eines jüdischen Viehhändlers „beschlagnahmt"[28]. „Schon lange vor der „Machtübernahme" durch die Nazis herrschte auch in Leer ein spürbarer Antisemitismus, zunächst mehr unpersönlich und anonym", so Karl Polak, 1916 in Leer als Sohn eines jüdischen Viehkaufmannes geboren, in seinen Erinnerungen.[29] Der damalige Judenhass, der sich auch auf judenfeindliche Schriften Martin Luthers berief, machte viele Menschen anfällig für den späteren völkischen Antisemitismus mit seinen mörderischen Konsequenzen.[30]

„Als das Deutsche Reich am 1. August 1914 mit der Kriegserklärung gegen das zaristische Russland den seit langen befürchteten europäischen Krieg, der sich bald zum Weltkrieg ausweitete, unab-

27 Bajohr, Frank, „Unser Hotel ist judenfrei", S. 11 f.. Die offizielle Chronik des Landkreises Leer verschweigt diesen Teil der Insel-Geschichte und datiert das „Prädikat „judenfrei" auf die NS-Zeit. 125 Jahre Landkreis Leer, S. 120

28 Saul, Carl Theodor, Liebe kleine Stadt, S. 68

29 Karl Polak,1838 -1988, Schicksale einer jüdischen Familie, S. 2

30 sh. dazu Prof. Dr. Thomas Kaufmann in epd-Dokumentation 10/2016 S. 12 -20

wendbar machte, ahnten nur wenige, dass an dessen Ausgang der Zusammenbruch des wilhelminischen Kaiserreiches stehen würde“, konstatiert der Historiker Hans Mommsen.[31]

Der verlorene Krieg zerstörte auch in Leer die Zukunftserwartungen der Bürger und die Entwicklungschancen der Stadt.

Im politischen Gefühlshaushalt der Deutschen hinterließ nach Auffassung des Historikers Götz Aly[32] der Erste Weltkrieg drei schwere Traumata: Die Hungersnot, die Entwertung des Geldes und das Aufflammen des Bürgerkriegs. Exemplarisch steht dafür wieder Wilhelm II. „Niederlage, Revolution und Abdankung brachten in Wilhelm eine fanatische Radikalisierung seines Hasses auf seine ... Feinde hervor, der von dem revolutionären Antisemitismus und dem völkischen Nationalismus Adolf Hitlers kaum noch zu unterscheiden ist“, so der deutsch - englische Historiker John C. G. Röhl.[33]

Der Erbauer des Rathauses, Bürgermeister Dieckmann, starb noch vor Kriegsbeginn im Jahre 1913. Sein Nachfolger, Emil Helms (ab 1917 im Amt), erlebte die Katastrophe des Ersten Weltkrieges und das Ende des Kaiserreiches 1918 mit dem militärischen und wirtschaftlichen Zusammenbruch. In Leer herrschte in der Nachkriegszeit soziale Not, die Wilhelmine Siefkes in ihrem sozialkritischen Roman „Keerlke“ und ihren „Erinnerungen“ mit den Worten „Das waren Mißstände, die zum Himmel schrien“ drastisch schildert.[34] Dies führte auch in Leer zu scharfen politischen Gegensätzen und Auseinandersetzungen.

Stefan Zweig schrieb, nichts habe das deutsche Bürgertum, die Besitzer des Geldvermögens, so für Hitler reif gemacht, wie die Inflation 1919 - 1923 [35], die wegen der Abschwächung der Reparationslasten von der Reichsregierung (Kabinett Wirth) gewollt war.[36]

---

31 Mommsen, Hans, Aufstieg und Untergang der Republik von Weimar, S. 13
32 Aly, Götz, Hitlers Volksstaat, S. 30
33 a.a.O.
34 Siefkes, Wilhelmine, Erinnerungen, S. 58 ff.
35 zitiert bei Haffner, a.a.O., S. 187
36 Mommsen, Hans, Aufstieg und Untergang der Republik von Weimar, S.163 f.

Diese Erfahrungen dürften die Altersgruppe, der Ukena, Drescher und Conring angehörten, geprägt haben, allerdings mit unterschiedlichen Folgen für ihre Lebensläufe. Ukena und Drescher waren Soldaten im Ersten Weltkrieg, Conring war wegen einer körperlichen Behinderung freigestellt worden.

Nach diesem Weltkrieg hatten im tief verunsicherten Bürgertum antikommunistische Ideologeme mit antisemitischer Spitze Hochkonjunktur.[37] Parolen gegen „Fremdstämmige" und Juden waren in den Parteigrundsätzen der nichtkatholischen bürgerlichen Parteien enthalten.[38] Diese Parteien errangen bei der Reichstagswahl 1928 23 % der Stimmen (rd. 7 Millionen Wähler).[39] In den Altkreisen Leer und Weener erreichten sie (DVP und DNVP) mehr als im Reichsdurchschnitt, nämlich 27,4 % und 34,1 % Wähleranteil.[40] In den Jahren von 1923 - 1932 wurden im Reich 189 jüdische Friedhöfe und Synagogen geschändet.[41]

Die prekäre wirtschaftliche und soziale Lage war der Nährboden für die NSDAP, für „populistische Stimmungspolitik". Dazu gehörte immer mehr der Rassismus in Form des Antisemitismus und Ausgrenzung von „Asozialen". Eine prominente bremische Bürgerin bekannte in den letzten Kriegstagen des 2. Weltkriegs in den Trümmern Bremens: „Wir hatten schon sieben- oder achthundert Jahre genauso empfunden....wir haben den Nazismus praktisch schon im-

37 Matthäus/Bajohr, Alfred Rosenberg, S. 40

38 Grundsätze der Deutschen Volkspartei 1919: „Sie will das deutsche Volk deutsch erhalten und bekämpft daher insbesondere die seit der Revolution eingetretene Überflutung Deutschlands durch fremdstämmige Personen...". Grundsätze der Deutschnationalen Volkspartei 1920: „Deshalb kämpfen wir gegen jeden zersetzenden, undeutschen Geist, mag er von jüdischen oder anderen Kreisen ausgehen. Wir wenden uns nachdrücklich gegen die seit der Revolution immer verhängnisvoller hervortretende Vorherrschaft des Judentums in Regierung und Öffentlichkeit. Der Zustrom Fremdstämmiger über unsere Grenzen ist zu unterbinden...". Das Parteiprogramm der NSDAP v. 1920: „Staatsbürger kann nur sein, wer Volksgenosse ist. Volksgenosse kann nur sein, wer deutschen Blutes ist...Kein Jude kann daher Volksgenosse sein." Abgedruckt in Reinhard Kühnl: Der deutsche Faschismus in Quellen und Dokumenten, S. 45 f., S.49, S. 97

39 a.a.O. S. 88

40 www.verwaltungsgeschichte.de, Promotion Michael Rademacher

41 Bajohr, Pohl, Massenmord und schlechtes Gewissen, S. 21

mer gehabt...Wir haben seit Jahrhunderten an die Grundsätze der Partei geglaubt."[42]

Die schon vor 1933 von bürgerlichen bis hin zu ultrarechten Gruppen geforderte „Volksgemeinschaft" steht für solche Kontinuitäten ebenso wie das Streben nach „Rassereinheit" und die Ablehnung von Bolschewismus und Judentum.[43]

In dieser bewegten Nachkriegszeit wurde in Leer 1920 vom Magistrat der parteilose Dr. Erich vom Bruch als Bürgermeister gewählt. *(Abb.1)* Er war zuvor in der Stadt Ohligs bei Solingen Beigeordneter. Er initiierte in Leer große kreditfinanzierte Projekte. Diese sorgten für einen wirtschaftlichen Aufschwung. Die meisten betrafen die Entwicklung der Halbinsel Nesse als Wirtschaftsstandort, wie 1926 der Bau des kommunalen Viehhofs, die Hafenkajung an der Industriestraße und die Ansiedlung der amerikanischen Firma Libby`s. Die Kredite wurden in großen Anteilen von amerikanischen Banken an die Länder und Kommunen gegeben. Hinzu kamen, wie auch in Leer, Direktinvestitionen.[44] In der Rückschau nennt man diese kreditfinanzierte „Nach-Inflations - Zeit" auch die „goldenen" Zwanziger Jahre (Roaring Twenties in den USA), ähnlich der Rückschau auf die belle époque vor dem Ersten Weltkrieg.

Die sich ab 1928 abzeichnende Weltwirtschaftskrise hatte gewaltige Börsencrashs in den USA zur Folge. Der dadurch fehlende Zustrom und auch Rückzug amerikanischen Kapitals, verursachte in der noch labilen Nachkriegswirtschaft Deutschlands einem drastischen Rückgang der Produktion: 1932 gegenüber 1929 um 40 Prozent, in anderen Ländern um 25 Prozent, in Großbritannien 11 Prozent.[45] In dieser Zeit agierte eine Reichsregierung, die von antizyklischer Wirtschaftspolitik nichts hielt und im Haushaltsausgleich das Allheilmittel zur Überwindung der Krise sah. Auch in Leer kam es zu einer

---

42 Zitat Hildegard Roselius in Margaret Bourke-White, Deutschland April 1945, S. 29 f.

43 Haerendel, Ulrike in Wirsching, Das Jahr 1933, S.31

44 Ford besaß Fabriken in Köln und Berlin. General Motors kaufte Opel in Rüsselsheim, Evans, a.a.O, S. 329

45 Am 29. Oktober 1929 verloren die großen amerikanischen Unternehmen zehn Milliarden Dollar an Wert, doppelt so groß wie das in den USA umlaufende Geld...(Evans, a.a.O., S. 330)

wirtschaftlichen Katastrophe mit sehr hoher Arbeitslosigkeit. 1928 gab es im Arbeitsamtsbezirk Leer (Kreise Leer, Weener, Aschendorf und Hümmling) 692 Arbeitssuchende, 1932 waren es 8.200.[46]

Seit 1929 gelang der NSDAP der Durchbruch als Massenbewegung auf Kosten der bürgerlichen Mittelparteien, weil ihre Propaganda erfolgreich den protestantischen Mittelstand erreichte. Noch 1928 hatte sie bei den Reichstagswahlen vom Mai nur 2,6 Prozent der Stimmen holen können. Bei der Novemberwahl 1931 bekam die NSDAP in den Altkreisen Leer und Weener etwa ein Fünftel aller Stimmen, vor allem zu Lasten von DVP und DNVP.[47] Der bürgerliche Mittelstand zeigte aufgrund von sozialen Ressentiments ein Protestwahlverhalten, das einzigartig war, so die Analyse des Historikers Hans Mommsen.[48]

Die Stadt Leer war eine protestantisch geprägte Stadt mit starkem bürgerlichen Mittelstand.

Nach den Ergebnissen der Volks-, Berufs- und Betriebszählung vom 16. Juni 1933 betrug die Einwohnerzahl 13.299 in 3.579 Haushalten. Die stärkste Bevölkerungsgruppe bildeten die 21 - bis 50-jährigen.

86 % der Einwohner waren lutherisch oder reformiert, 8 % katholisch, unter 2 % jüdisch und der Rest gehörte den anderen christlichen Gemeinschaften an.

Von den in Leer wohnenden Erwerbspersonen übten 80 % bürgerliche Berufe aus, etwa 20 % waren ungelernte Arbeiter. [49]

Die Stadt war durch ihre Bevölkerungsstruktur prädestiniert für eine Nazifizierung.

Selbständige, Ärzte, Lehrer, Beamte und Angestellte waren, bezogen auf ihren Bevölkerungsanteil, weit überproportional in der NSDAP vertreten.[50] Dieser Personenkreis war im Vergleich zu seinem An-

46 *Eimers, Enno, a.a.O. S. 89*

47 *www.verwaltungsgeschichte.de, a.a.O.*

48 *Mommsen, Hans, Aufstieg und Untergang der Republik von Weimar, S. 383 f.*

49 *Dokumentation Leer 1933 -1945, S. 88*

50 *Bergschicker, Heinz, Deutsche Chronik, S. 52. 45 % der deutschen Ärzte, jeweils etwa 25 % der Lehrer und der Juristen waren Mitglied der NSDAP, Wirsching, Das Jahr 1933, S.224*

teil an den Erwerbspersonen doppelt so stark repräsentiert. Fast Zweidrittel aller Funktionäre der Partei gehörten diesem mittelständischen Personenkreis an (Parteistatistik 1935)[51]

Nach Feststellungen des Stadtarchivs Leer[52] hatten die angeklagten SA-Männer aus Leer im Schwurgerichtsprozess um die Pogromnacht im November 1938 folgende Berufe: Postschaffner, Kreisamtmann a.D., Kreisobersekretär, Studienrat, Oberschullehrer, Justizangestellter, Malermeister, Angestellter, Kassenbote, Gastwirt, Schneidermeister, Gärtner, Kaufmann, Polstermeister, Lagermeister und Gerichtsvollzieher.

Eine Auswertung der Entnazifizierungsakten von 55.000 in den Nachkriegsjahren in Ostfriesland lebenden Menschen ergab, dass davon etwa 20.000 Mitglieder der NSDAP gewesen waren.[53]

Das Parteiorgan der SPD „Vorwärts“ titelte in seiner Morgenausgabe am 21. Juli 1932: „Sozialdemokratie im Kampf um Freiheit“.[54] Es ging um den Wahlkampf zur Reichstagswahl am 31. Juli 1932, bei der die SPD 2,9 Prozent verlor, die NSDAP jedoch 19 Prozent gewann, und damit mit 37,3 Prozent Stimmenanteil stärkste Fraktion wurde.

In der Neutralisierung der sozialen Vorbehalte der funktionalen Eliten gegenüber der NSDAP lag die zentrale Bedeutung, die der Führerkult für die Wahlbewegung dieser Jahre besaß. Ohne die Beteiligung der Mittelschichten, insbesondere des höheren Beamtentums, wäre der kumulative Effekt nicht eingetreten, der die NSDAP zu dem Wahlergebnis vom 31. Juli 1932 befähigte..., so Hans Mommsen.[55] In der November-Wahl reduzierte sich der Anteil der NSDAP auf ein Drittel der Wählerstimmen.

Der Historiker Eberhard Jäckel stellte fest: “Noch immer verbreitet ist die Annahme, es seien in ihrer Not vorwiegend die Arbeitslo-

---

51 Grüttner, Michael, Brandstifter und Biedermäner, S. 79

52 Stadtarchiv Leer, Rep. 1 Nr. 2190

53 Parisius in Emder Jahrbuch 2004, S. 140

54 Nr. 339, 49. Jahrgang

55 Mommsen, Hans, a.a.O., S. 429

sen gewesen, weil deren Zahl ungefähr so stark anstieg wie die NSDAP-Wähler. Die statistische Analyse widerlegt diese Annahme jedoch ..." Festzuhalten ist, dass „der Zulauf vor allem aus den besitzenden Schichten kam, mehr aus den protestantischen als aus den katholischen, und dass er auf dem Lande stärker war als in den Städten... Viel wichtiger indessen ist die unbezweifelbare Tatsache, dass knapp zwei Drittel aller Wähler ihre Stimme nicht der NSDAP gaben."

In Leer war bei den Reichstagswahlen 1932 der politische Durchbruch für die extreme Rechte erreicht.

Im Altkreis Leer (ohne den hinzugekommenen Landkreis Weener und einige Emder Gemeinden) hatte die NSDAP bei den Reichstagswahlen vom 6. November 1932 einen weit überdurchschnittlichen Stimmenanteil von 52,6 Prozent, das waren 16.515 Wählerinnen und Wähler (im Vergleich: SPD und KPD zusammen 8.918), im neuen Großkreis 50,6 % (zum Vergleich: Im Reich 33,1 %).[56]

Bemerkenswert ist in diesem Zusammenhang der Kontrast zwischen protestantischen und katholischen Regionen am Beispiel der Juli-Reichstagswahl 1932. Im Kreis Leer votierten 55 Prozent der Wähler für die NSDAP, im Kreis Aschendorf nur 8,3 Prozent, dafür erhielt die Zentrumspartei dort 79,5 Prozent.[57] Selbst bei der März-Wahl 1933 erreichte die Zentrumspartei in den emsländischen Kreisen Meppen, Lingen und Aschendorf fast 70 Prozent der Stimmen.[58] Bei der Reichstagswahl vom 5. März 1933 erhielt die NSDAP im Großkreis Leer 56.9 % (27.144 Stimmen - SPD und KPD zusammen 12.599 -), reichsweit lediglich 43,9 %. Der Landkreis Leer befand sich damit im oberen Drittel der Zustimmung für die NSDAP aller Kreise im Gau Weser-Ems.[59]

Für die Nationalsozialisten in Ostfriesland war zum Beispiel die Entwicklung in Hatshausen, einem landwirtschaftlich geprägten Dorf

56 *Janssen, Albert, Ostfriesland - Zwischen Republik und Diktatur, S. 331*
57 *Noakes, Jeremy, The Nazi Party in Lower Saxony 1921 - 1933, S. 218 f.*
58 *Heese, Thorsten (HG.), Topografien des Terrors, S. 94*
59 *Rademacher, Michael: Kreisleiter der NSDAP, Tabelle S. 367*

mit überwiegend lutherischer Konfession, ein Triumph. Waren dort bei der Reichstagswahl 1928 auf die Deutschnationale Volkspartei und den Völkischen Block noch 71 % der Stimmen entfallen, waren es bei der Märzwahl 1933 nur noch 6 %. Der Stimmenanteil der NSDAP steigerte sich von 22 % auf 87 % bei Verdoppelung der Wahlbeteiligung. Sozialdemokraten und Kommunisten spielten in dem Dorf ohnehin nur eine marginale Rolle.[60]

Hitler kam nicht an die Macht, weil er die Mehrheit der Deutschen hinter sich hatte.“ [61] Hitler wurde am 31. Januar 1933 vom Reichspräsidenten v. Hindenburg zum Reichskanzler ernannt. Es war das 21. Kabinett in 15 Jahren der Weimarer Republik. Neben Hitler war die NSDAP nur mit zwei weiteren Ministern (Frick und Göring) vertreten. Hitler erhielt die Macht aus den Händen der alten Eliten, die damit ihre Unfähigkeit eingestanden, Deutschland nach ihrem Muster zu regieren. Die Republik war von ihnen preisgegeben. Erst auf ihren Trümmern gelangte nach Auffassung von Mommsen Hitler zur Alleinherrschaft.[62] Durch die Ausschaltung der 81 kommunistischen Abgeordneten mit Hilfe der sog. Reichstagsbrandverordnung vom 27. Februar 1933 hatte die NSDAP im Reichstag die absolute Mehrheit, zusammen mit den bürgerlichen Parteien eine verfassungsändernde Zweidrittelmehrheit, die zum Erlass des sog. Ermächtigungsgesetzes am 23. März 1933 führte. Das parlamentarische System wurde zunächst befristet auf 4 Jahre abgeschafft. Nur die Sozialdemokraten stimmten gegen das Gesetz. Bis Mitte des Jahres hatten sich die bürgerlichen Parteien selbst aufgelöst, die sozialdemokratische und die kommunistische Partei waren verboten.[63]

---

60 Festbroschüre des Kreises Aurich der NSDAP, Kreistag am 11. und 12. Juni 1938, S.76 (veröffentlicht durch die Ostfriesische Landschaft, Digitale Bibliothek, Historische Publikationen)

61 Jäckel, Eberhard, Das deutsche Jahrhundert, S. 105 f.

62 Mommsen, Hans, a.a.O., S. 644

63 Die Verordnung zum Schutz von Volk und Staat (RGBl. I 1933 Nr. 17) setzte am Tag nach dem Brand des Reichstages die wichtigsten Bürgerrechte der Weimarer Verfassung außer Kraft. Unterzeichnet wurde sie Reichspräsident Hindenburg, Reichskanzler Hitler, Reichsinnenminister Frick und Reichsjustizminister Dr.Gürtner. Am 23. März 1933 wurde mit Zweidrittel Mehrheit des Reichstages das Gesetz zur Behebung der Not von Volk und Staat (RGBl. I 1933 Nr. 25) beschlossen, das die Weimarer Verfassung in den wichtigsten Teilen ausser Kraft setzte.

Auf die Ernennung Hitlers zum Reichskanzler folgte der vollständige Zusammenbruch des deutschen Staates, nicht nach zwölf Jahren, sondern binnen zwölf Monaten ..., (und) daß in diesem Jahr nicht nur die Weimarer Republik, sondern der Rechts - und Verfassungsstaat überhaupt, wie er in Jahrhunderten gewachsen war, zerstört wurde, beklagt der Historiker Jäckel.[64]

„Das Illegale an der nationalsozialistischen Machtergreifung in der ersten Jahreshälfte 1933 machte diese zu einem revolutionären Umsturz des bestehenden politischen Systems“, so Evans.[65] „Der Hitlerstaat war und blieb verfassungslos ...“, so Eberhard Jäckel.[66]

Bereits am 20. Juli 1932 hatte das Kabinett von Papen mit einer Notverordnung des Reichspräsidenten Hindenburg die Macht im sozialdemokratisch regierten Land Preussen übernommen und damit das föderale System zerstört und einer totalen Zentralisierung den Weg geebnet.[67]

Hitler ernannte am 30. Januar 1933 Göring zum Reichskommissar für das preussische Innenministerium. Damit hatte die NSDAP den direkten Zugriff auch auf die Kommunen in Preussen erhalten. Dies äußerte sich zunächst in Protektion, Postenjägerei und Anspruchsinflation vieler Parteimitglieder. Die ausgedehnten Privilegiensysteme, die sich nach 1933 entfalteten, können insgesamt als eine Form der institutionalisierten Korruption bezeichnet werden.[68] „Alte Kämpfer“ sollten bevorzugt bei der Besetzung von Stellen berücksichtigt werden. So schrieb die S.A. Brigade 63 der NSDAP Aurich am 14. Dezember 1933 an den Regierungspräsidenten: „Der Führer will, daß in erster Linie die Kämpfer für das dritte Reich bei der Besetzung von Arbeitsplätzen berücksichtigt werden“.[69] Zu den „Alten Kämpfern“ zählten z. B. Angehörige der SA, SS und des Stahlhelms vor

---

64 *Jäckel, Eberhard, Das deutsche Jahrhundert, S. 115 f.*
65 *a.a.O., S. 584*
66 *Jäckel, Richard J., Das deutsche Jahrhundert, S. 119*
67 *Evans, Das Dritte Reich, S. 389*
68 *Bajohr, Frank, in „Das Jahr 1933“ S. 187*
69 *NLA AU Rep. 16/1, Nr. 165*

dem 30. Januar 1933 und Parteimitglieder mit der Mitgliedsnummer 1 bis 300.000, später bis 500.000.[70]

Das Rathaus in Leer, insbesondere auch der Große Saal mit den „Kaiserfenstern", war nicht nur symbolisch der Hauptschauplatz der Machtübernahme in der Stadt durch die Nationalsozialisten. Auch die tatsächliche Machtergreifung, der „Sturm auf das Rathaus“[71] fand dort statt. Die NSDAP hatte bei den Kommunalwahlen am 12. März 1933 einen Anteil von 50 % (zum Vergleich: Emden 37 %) und damit 12 von 24 Sitzen erhalten. In Stimmen bedeutete das: die NSDAP 3.472 Stimmen, 1072 Stimmen die bürgerliche Einheitsliste, die SPD 2.214 Stimmen.

Da das gewählte KPD-Mitglied aufgrund eines Erlasses von Göring nicht teilnehmen durfte[72], hatten die Nationalsozialisten die Mehrheit.

Der führende Kopf der NSDAP in Leer war der Zollbeamte Erich Drescher.[73] *(Abb 2)* Am 1. Oktober 1930 trat er der NSDAP - Ortsgruppe Weener - bei und war damit im Jargon der NSDAP ein verdienter „Alter Kämpfer“.[74] Nach eigenen Angaben gründete er die NSDAP-Ortsgruppe Leer. Im Juli 1932 wurde er zum Kreisleiter, am 4. Juli 1933 als Vertrauensmann des Gauleiters Weser-Ems, Carl Georg Röver, Oldenburg, zum NSDAP-Gauinspekteur ernannt.[75]

---

70 NLA AU Rep. 16/2, Nr. 1736

71 Leerer Anzeigeblatt vom 28. April 1933

72 Gemeinsamer Runderlass des kommissarischen Preußischen Innenministers Göring vom 22.2.1933

73 Er wurde am 26. September 1894 in Laar/Kreis Bentheim als Sohn eines Grenzaufsehers geboren. NLA AU, Rep. 32, Nr. 1611 (selbstverfasster Lebenslauf) Er starb 1956 in Leer auf dem Weg von seiner Arbeitsstelle als Pförtner bei der Firma Libby`s auf der Nesse, die der von ihm in den Tod getriebene Bürgermeister Dr. vom Bruch dort in den Zwanziger Jahren angesiedelt hatte.

74 BArch, NSDAP-Gaukartei, Mitgliedsnr. 323346

75 Röver wiederum war ein enger Vertrauter der NS-Spitzen auf Reichsebene. Aus Anlass seines Todes fand am 22.5.1942 ein Staatsakt in der Neuen Reichskanzlei in Berlin statt. Hitler und Göring legten einen Kranz nieder (Bräuninger, Hitlers Kontrahenten in der NSDAP, S. 233, Ostfriesische Tageszeitung v. 30/31. Mai 1942 - NLA AU Rep. 16/1, Nr. 191 -)

Der weitere führende Kopf des Regimes in Leer, Landrat Conring, wie Drescher Jahrgang 1894, wurde im Jahre 1937 Mitglied der NSDAP [76], nach dem für privilegierte Bewerber die von 1933 bis 1939 geltende Aufnahmesperre gelockert wurde.[77] *(Abb. 3)*

Der stellvertretende Gauleiter des Gaues Weser-Ems stellte am 23. Dezember 1938 in einem Schreiben an den Regierungspräsidenten in Aurich fest: "Nach den Neuaufnahmen in die NSDAP im Jahre 1937 sind die weitaus meisten Beamten Parteigenossen oder Parteianwärter geworden“.[78]

Nach dem Deutschen Beamtengesetz von 1937 stand der Beamte im „Treueverhältnis“ zum „Führer“ und war verpflichtet, „jederzeit rückhaltlos für den nationalsozialistischen Staat einzutreten“.[79]

Schon 1895 schrieb der Psychologe Gustave Le Bon: „Nicht das Freiheitsbedürfnis, sondern der Diensteifer herrscht stets in der Massenseele. Ihr Drang zu gehorchen ist so groß, dass sie sich jedem, der sich zu ihrem Herrn erklärt, instinktiv unterordnet.“ [80]

Der Landrat war schon seit 1933, ohne Parteimitglied zu sein, aktiver und kooperativer Wegbegleiter der Nationalsozialisten und in vielfältiger Weise in die Administation des Regimes verstrickt.[81] In Leer bildete sich eine besondere Machtkonstellation heraus. Auf der einen Seite der nationalkonservative Landrat, der schon in der Kaiserzeit Beamter wurde und promovierte, auf der anderen Seite der „Alte Kämpfer“, der Zollbeamte Erich Drescher.

1933 stellte sich Conring auf die Seite der neuen Machthaber. So sagte er in der Kreistagssitzung am 7. April 1933: Vorüber sind die Zeiten des demokratischen-parlamentarischen Parteienstaates, eines

---

76 BArch -NSDAP-Zentralkartei -, Aufnahmeantrag v. 7.7.1937, Aufnahme zum 1.5.1937. Mitgliedsnr. 5104902, Ausstellung der Mitgliedskarte am 15.3.1938

77 Drei Monate nach dem 30. Januar 1933 standen 850.000 Altparteigenossen rund 2 Millionen Neumitglieder gegenüber. Wirsching (Hg.), Das Jahr 1933

78 NLA AU Rep. 16/1, Nr. 191

79 RGBl. I 1937, S. 41

80 Gustave Le Bon, Psychologie der Massen, S. 114

81 Dazu auch Suhr, Heiko in Ostfriesische Landschaft „Das 20. Jahrhundert im Blick“, S. 117 f.

Staatssystems, welches den unaufgebbaren Kräften unseres Volkstums nicht entsprach, dessen Unfruchtbarkeit für den staatspolitischen Wiederaufbau unseres Volkes praktisch unter Beweis gestellt ist."[82] Dies ist ein Schlüsselsatz zum Verständnis für den Untergang der Weimarer Republik und dessen Folgen. Die offenkundige Ablehnung des demokratischen-parlamentarischen Systems durch die konservative Elite war der Todesstoss für die Republik. Sebastian Haffner konstatiert: „Die Weimarer Republik ist nicht durch die Wirtschaftskrise und die Arbeitslosigkeit zerstört worden...sondern durch die schon vorher einsetzende Entschlossenheit der Weimarer Rechten, den parlamentarischen Staat zugunsten eines unklar konzipierten autoritären Staats abzuschaffen".[83] Conring hatte sich auf die Seite dieser Kräfte geschlagen.

Noch 1927 hatte der Preussische Minister des Innern in Bezug auf Conring festgestellt:"...an seiner Loyalität, insbesondere an seiner positiven Einstellung zum heutigen Staat bestehen keine Zweifel".[84]

Die NSDAP entschied sich nicht dafür, den formalen Rahmen des Staatsapparates zu beseitigen. Sie bediente sich zur Verfolgung ihrer totalitären Ziele der vorhandenen Strukturen und willfähriger Beamter bis in die Kommunen.

Im Gegensatz zu den mehr oder wenigen parteipolitisch eingefärbten kommunalen Vertretungskörperschaften gehörte von allen ostfriesischen Bürgermeistern am Ende der Weimarer Republik keiner einer Partei an. Enno Eimers stellt fest: „Bei aller Betonung des politischen Charakters des Bürgermeisteramtes verstanden sich die aus der liberalen Mitte der Weimarer Republik stammenden Anklam, Bruch, Mützelburg und Schöneberg als überparteiliche Verwaltungsfachleute ihrer Städte. Vom Bruch stand wohl der nationalliberalen DVP Gustav Stresemanns nahe".[85]

---

82 Zitat bei Janssen, Albert, in: Ostfriesland - Zwischen Republik und Diktatur, S. 345. Conring war nach dem Krieg Parlamentsmitglied als Landtags- und Bundestagsabgeordneter (CDU) im bundesrepublikanischen Staat

83 Haffner, Sebastian, Anmerkungen zu Hitler, S. 79

84 NLA AU Dep. Handakte Heiko Suhr, Schreiben an den Preußischen Ministerpräsidenten vom 10. August 1927. Blatt 44

85 Eimers, Enno, in: Ostfriesland im Dritten Reich, S.11 f.

Gegen nicht gefügige Amtsträger ging die NSDAP rigoros vor. Wie auch in Aurich und Emden erhob die NSDAP in Leer Korruptionsvorwürfe gegen führende Beamte der Stadtverwaltung, um sich selbst als volksnah und unbestechlich darzustellen.[86] Erste Opfer der Hetzkampagne der NSDAP unter der Führung Dreschers wurden Bürgermeister Dr. Erich vom Bruch, der Verwaltungsdirektor Epkes und der Direktor des städtischen Viehhofes, Dr. Krause.

Am Morgen des 28. März 1933 erschienen SA-Männer (Sturmabteilung der NSDAP)[87] in der Dienstwohnung des Bürgermeisters im Rathaus und hinderten ihn daran, eine Reise anzutreten. Sie hielten ihn in seiner Wohnung fest. Das Rathaus wurde von der SA besetzt. Die Führung der NSDAP wollte die Gleichschaltung durchsetzen und den „alten Kämpfer“ Erich Drescher mit dem Posten des Bürgermeisters belohnen. Aus einer Mitteilung der Kreispressestelle der NSDAP vom 28. März 1933 wird die illegale Aktion gerechtfertigt: „ ...sah sich die Führung der NSDAP veranlasst, den Bürgermeister und die Herren...in Schutzhaft zu nehmen...“ [88] Das „Gesetz zur Wiederherstellung des Berufsbeamtentums“ vom 7. April 1933, durch das mehr als 2 Millionen unerwünschte Personen aus dem Öffentlichen Dienst entfernt wurden, war noch nicht in Kraft.[89]

Landrat Dr. Conring wurde zum Mitwirkenden an der Seite Dreschers in dem Feldzug der NSDAP gegen den Leeraner Bürgermeister Dr. vom Bruch.

Die Gauleitung der NSDAP hatte ursprünglich geplant, Conring aus

---

86 Ostfriesland im Dritten Reich, Ostfriesische Landschaft, S.19

87 Die SA ging aus der 1920 gegründeten Turn- und Sportabteilung der Partei hervor. (Mommsen, a.a.O., S. 199)

88 Stadtarchiv Leer Rep. 1, Nr. 2190

89 Dokumentation Leer 1933 - 1945, S. 24. Ortsgruppenleiter Dr. Hoeschen:...Es sei ein Gesetz verabschiedet worden, nach dem bei allen Behörden, in deren Vertretungskörperschaften die NSDAP die Mehrheit habe, sofort eine Neubesetzung der leitenden Posten mit Nationalsozialisten zu erfolgen habe.“ Damit könnte § 2 des „Gesetz zur Wiederherstellung des Berufsbeamtentums“ gemeint sein, das allerdings erst am 7. April 1933 erlassen wurde (RGBl. I 1933 Nr. 34) In den §§ 3 u. 4 war festgelegt, dass nicht arische Beamte und Beamte anderer politischer Couleur als der NSDAP zu entlassen waren. So wurde z.B. der Kölner Oberbürgermeister Konrad Adenauer aufgrund des § 4 durch den Preussischen Innenminister am 17. Juli 1933 entlassen.

dem Dienst zu entfernen und Drescher zum Landrat zu machen. In einem internen Gutachten (in den Akten undatiert) war bereits die Zielrichtung der Argumentation gegen die Person Conring skizziert. Conring sollte als „charakterloser, liberalistischer und ehrgeiziger Streber, der ... jetzt alles vermeidet, um bei der NSDAP anzuecken“ dargestellt werden.[90] Ausserdem wurde seine arische Abstimmung bezweifelt. Aus Sicht der Nationalsozialisten ein beliebtes Mittel, um Personen ein karriereschädigendes Etikett anzuheften. Conring konnte glaubhaft seine Kooperationsbereitschaft mit der Partei darstellen. In dem kommissarischen Regierungspräsidenten Bansi fand er einen Unterstützer. Dieser schrieb in einer Stellungnahme am 22. August 1933:“„Wie er (Conring) mir persönlich und glaubhaft versichert, hat er immer rechts gewählt, zunächst Volkspartei, dann deutschnational und zuletzt sogar nationalsozialistisch.“ Conring selbst antwortet in einem Fragebogen zur Durchführung des Gesetzes zur Wiederherstellung des Berufsbeamtentums auf die Frage zu einer Parteizugehörigkeit am 15. Juli 1933: “Einer politischen Partei habe ich niemals angehört. Bei den Wahlen habe ich stets die politische Rechte gewählt.“ In einer Stellungnahme u.a. wegen der Hissung der Hakenkreuzflagge und der Schwarz-Weiß-Roten Flagge am Kreishaus am 8. März 1933 (Reichstagswahl) schrieb er: “Ich habe selbst die Hissung der Flaggen mitveranlasst...aus meiner persönlichen politischen Einstellung, da ich auch bei dieser Wahl nationalsozialistisch gewählt habe.“ [91] Conring hatte offensichtlich nicht nur das Wohlwollen des Regierungspräsidenten, sondern auch des Oberpräsidenten (seit 25. März 1933) Viktor Lutze in Hannover, wie aus einem internen Schreiben des Reichsinnenministeriums vom 8. Oktober 1943 hervorgeht.[92] So war Lutze 1937 bei einer Intrige der Gestapo gegen Conring für dessen Verbleib als Landrat eingetreten.[93] Conring hatte auch persönlich Kontakt mit diesem

---

90 NLA AU Dep.Handakte Heiko Suhr, Russisch Staatliches Militärarchiv (RGVA) -Sonderarchiv Moskau-720-5-1280 Fond 720 (Reichsministerium des Innern) Findbuch 5 Akte 1280: Conring Blatt 75

91 a.a.O., Blatt 76 u. 85

92 a.a.O. Blatt 206

93 Schreiben des Oberpräsidenten vom 8.11.1937, Handakte Suhr Blatt 131

führende NSDAP-Funktionär. Am 1. Juni 1940 war Lutze in Leer.[94]

Lutze war hochrangiger SA-Führer und Vertrauter Hitlers. Er denunzierte SA-Chef Ernst Röhm und war in der Begleitung Hitlers, als dieser am 30. Juni 1934 Röhm und andere SA-Mitglieder in Bad Wiessee verhaften ließ. Sie wurden anschliessend mit Regimegegnern von der SS ermordet. Lutze wurde als Nachfolger von Röhm SA-Stabschef.[95]

Conring teilte Bürgermeister vom Bruch - angeblich auf telefonische Anweisung aus dem Preussischen Innenministerium - noch am Abend des 28. März 1933 über Fernsprecher mit, dass dieser zwangsweise beurlaubt sei. Da er Drescher nicht telefonisch erreichen konnte, teilte er ihm abends schriftlich mit, dass der vom „Preuss. Minister des Innern“ zum Staatskommissar für die Stadt Leer bestellt worden sei.[96] Der Posten des Preussischen Innenministers war derzeit nicht besetzt, vielmehr nahm Hermann Göring, NSDAP-Minister ohne Geschäftsbereich im Kabinett von Reichskanzler Hitler, die Geschäfte des Innenministers wahr. Bis zum 8. April 1933 hatte Conring nach eigenen Bekunden keine amtlichen Mitteilungen als Grundlage für die von der NSDAP gewollte faktische Absetzung Dr. v. Bruchs.[97] In der Personalakte Dreschers im Stadtarchiv Leer[98] finden sich demgegenüber Abschriften von Schreiben des Kommissarischen Regierungspräsidenten in Aurich, Gustav Bansi, vom 29. März 1933 an die Betroffenen und den Magistrat, die die Beurlaubung vom Bruchs und die Einsetzung Dreschers auf § 191 II 6 A.L.R. stützen. Die Anwendung dieses Paragrafen des „Allgemeinen Preussischen Landrechts“ von 1794 war schon derzeit generell umstritten.[99] Die faktische Absetzung eines Bürgermeisters aufgrund die-

---

94 Ostfriesland Mitteilungsblatt des Bundes der Heimatvereine, Folge 4, 1940, S. 40

95 Evans, Richard J., Das Dritte Reich, Diktatur, S. 41 f.. Er verunglückte 1943 tödlich bei einer „Hamsterfahrt“.

96 NLA AU, Rep. 32. Nr. 1611

97 Stadtarchiv Leer, a.a.O.

98 Stadtarchiv Leer, Rep. 2, Nr. 1152

99 Müller, Xaver Eberhard in „Die rechtliche Stellung des Staatskommissars aufgrund des § 66 des preußischen Gemeindeverfassungsgesetzes“, Düsseldorf (Verlag G.H. Nolte) 1935, S. 8 f..

ser Vorschrift dürfte rechtswidrig gewesen sein. Conrings Anruf bei vom Bruch, lediglich aufgrund eines Telefonats und noch vor der förmlichen Entscheidung vom 29. März 1933, gab der abendlichen „Hauruck"-Aktion der NSDAP am 28. März einen legalen und amtlichen Anstrich. Damit machte er sich zum Komplizen einer illegalen Aktion der NSDAP gegen einen ehrbaren Beamten.

Als hervorragender Jurist musste Conring auch wissen, dass ohnehin die Absetzung des sozialdemokratischen Preussischen Innenministers Carl Severing 1932 verfassungswidrig war. Damit waren die Handlungen Görings ohne verfassungsrechtliche Legitimation. Conring hatte bis 1927 als Regierungsassessor im Staatsministerium des preussischen Ministerpräsidenten Braun gearbeitet. Dieser hatte den Verfassungsgerichtshof angerufen, der in seinem Urteil vom 25. Oktober 1932 den Verfassungsbruch festgestellte. Das Vorgehen gegen Preußen war in Wirklichkeit ein mit verwaltungspolitischen Mitteln vorangetragener Klassenkampf von oben und beruhte auf einem indirekten, aber äußerst wirkungsvollen Zusammenspiel zwischen hochkonservativer Kamarilla und Reichswehr auf der einen, NSDAP, SA und SS auf der anderen Seite, so der Historiker Hans Mommsen.[100] Dieses Vorgehen setzte sich offenbar mit willfährigen Beamten bis auf die kommunale Ebene fort. Gauleiter Röver, Oldenburg, resümierte 1942: „Die heutige Autorität der Partei stützt sich, auf gut deutsch gesagt, auf Schnauze und alte Parteimänner, die sich durchzusetzen wissen, und andererseits auf Beamte, die des Glaubens sind, bei der politischen Beurteilung Nachteile zu haben, wenn sie sich querstellen".[101]

In seiner neuen Funktion als Staatskommissar verbot Drescher Bürgermeister vom Bruch das Betreten der Amtsräume und das Verlassen des Stadtgebietes. Sein Telefonanschluss wurde stillgelegt.[102] Der seit der letzten Kommunalwahl amtierende neu gewählte Bürgervorsteher und NSDAP-Ortsgruppenleiter Dr. Hoeschen (der im

100 Mommsen, Hans, a.a.O., S. 546 f.
101 Zitat bei Dietmar von Reeken in „Ostfriesland im Dritten Reich", S. 38
102 Stadtarchiv Leer Rep. 1: 467

September 1933 der NSDAP enttäuscht den Rücken kehrte und 1934 ausgeschlossen wurde) und Drescher heizten die Stimmung gegen Bürgermeister Dr. vom Bruch öffentlich an.

Am 9. April 1933 sperrte der Magistrat das Gehalt des Bürgermeisters. Weil er die Hetze gegen ihn und die böswilligen Unterstellungen über seine Amtsführung nicht mehr ertragen konnte, erschoss sich der 48-jährige Dr. vom Bruch am 7. Mai im Badezimmer seiner Dienstwohnung[103], die sich im Rathaus gegenüber dem „Kaisersaal" befand. In seinem Abschiedsbrief an Senator Brouer[104] vom 6. Mai 1933 heißt es: „Es besteht ungeheurer Hass gegen mich und ein absoluter Vernichtungswille. Die Äußerungen, die Herr Drescher mir ins Gesicht geschleudert hat, können Sie sich nicht vorstellen."[105]

Ein Freund der Familie vom Bruch, der Direktor der Kommunalbank Leer, Justus Vialon, nahm die Witwe auf.[106]

Das seit Juli 1933 nur noch nationalsozialistisch besetzte Bürgervorsteherkollegium wählte den Parteigenossen Drescher am 28. August 1933 zum Bürgermeister.[107] Man hatte vorher das Ortsstatut geändert, damit der Zollbeamte Drescher trotz mangelnder Qualifikation wählbar wurde. Er war bis zur Ernennung zum Staatskommissar für die Stadt Leer als Zollinspektor tätig. Seine Leistungen in der Zollverwaltung wurden in den Jahren 1927-1929 mit „schwacher Durchschnitt" bewertet.[108]

Nach dem Wahlakt wurde Drescher auf den Schultern der SA-Leute zu seinem Platz im Rathaussaal getragen.[109]

Die NSDAP beließ Conring auch ohne Parteimitgliedschaft in seiner Stellung. Dies entsprach der Praxis in 36 von 61 Landkreisen des heutigen Niedersachsen.[110] Hatte sich Drescher unter Mitwirkung

---

103 Leerer Anzeigeblatt vom 8.5.1933
104 Fraktionsführer der Deutschnationalen Partei und Dänischer Konsul
105 Stadtarchiv Leer Rep. 1: 2190
106 Stadtarchiv Leer Rep. 2: 243
107 Stadtarchiv Leer Rep. 1: 2190
108 Stadtarchiv Leer Rep. 1 : 2190
109 NLA AU Rep. 32, Nr.1611, Bericht der Ostfriesischen Tageszeitung vom 29.8.1933
110 Rohde/Wegener, Celle im Nationalsozialismus, S. 65

von Conring als „Alter Kämpfer“ jetzt des Postens des Bürgermeisters bemächtigt und war nicht mehr Parteikandidat für den Posten des Landrats.

Der Prozess des Landgerichts Aurich gegen die von der NSDAP beschuldigten Beamten fand im Februar 1934 auf Verlangen Dreschers im „Kaisersaal“ des Rathauses statt. Drescher erhoffte sich wohl einen „Schauprozess“. Das Urteil bewies die Haltlosigkeit der Korruptionsvorwürfe gegenüber der Stadtverwaltung[111], was Drescher veranlasste, von einem Fehlurteil zu sprechen. Er forderte, dass auch die Rechtsprechung sich dem gesunden Volksempfinden anpassen solle.[112]

Drescher äusserte sich am 1. Dezember 1934 gegenüber dem 22-jährigen Rechtsreferendar und SA-Sturmmann, dem späteren Stadtdirektor Dr. Hermann Bakker (Amtszeit 1948 - 1969): ...die Justiz ist die schlimmste Hure, die ich kenne...die Herren von der Justiz werden sich noch mal wundern, es kommt bald alles anders...die ganze Intelligenz ist Scheiße...“.[113] Damit lag er auf der Linie des „Führers“, der im Jahre 1942 bei Tisch äußerte, dass für ihn jeder, der Jurist sei, entweder von Natur aus defekt sein müsse oder es aber mit der Zeit werde.[114]

Drescher reagierte mit seinem Wutausbruch auf das aus seiner Sicht zu milde Urteil des Landgerichts Aurich in der von ihm angezettelten „Korruptionsaffäre“ um Bürgermeister Dr. vom Bruch und Viehhof-Direktor Krause. Der junge Bakker hatte den Mut, sich bei dem Landgerichtspräsidenten in Aurich über Drescher zu beschweren. Drescher musste sich nach längerem Widerstand entschuldigen. Eine spätere politische Beurteilung Bakkers durch Drescher beim NSDAP-Gau Weser-Ems hätte ernste Konsequenzen zur Folge haben können. Bakker entging dem, weil er aus beruflichen Gründen in einen anderen Parteigau umzog.

---

111 Eimers, Enno, Kleine Geschichte der Stadt Leer, S. 99
112 OTZ v. 1. März 1934 (sh. auch Dokumentation Leer 1933 -1945, S. 60 f
113 Stadt Leer, Dokumentation „ Leer 1933 - 1945“, S. 439
114 Buchheim, Hans, SS und Polizei im NS-Staat, S. 14

Damit war die kommunale Führungsebene des NS-Staates in Leer mit Drescher und Conring bis zum Ende der NS-Herrschaft etabliert. Wie in dem chaotischen Nebeneinander von Partei- und Staatsdienststellen und bei den häufigen Umorganisationen zu der Zeit nicht ungewöhnlich, waren beide zwar in Intrigen und Hierarchiestreitigkeiten verwickelt, blieben jedoch bis Kriegsende in ihren Ämtern.

Bürgermeister und Landrat, zugleich Leiter der Orts- und der Kreispolizeibehörde, waren die prominentesten Köpfe der Machtstrukturen in Leer. Von den beiden gleichaltrigen Amtsinhabern war „Gauinspektor" Drescher als „politischer Hoheitsträger" [115] dem Landrat übergeordnet, in der Beamtenhierarchie stand Conring über Drescher. Obwohl von Ausbildung, Herkunft und Bildung sehr unterschiedlich geprägt, arbeiteten sie gut zusammen.

Conring war formal bis zur Kapitulation Deutschlands im Mai 1945 Landrat. Die Hälfte seiner zwölfjährigen Dienstzeit ab 1933 war er, wie er es nannte, im „Kriegsdienst". Allerdings nicht als Soldat, sondern als Beamter hinter der Front in Polen, Frankreich und in den Niederlanden.

Als am 1. September 1939 die Invasion Polens begann, überfielen 60 Divisionen der Wehrmacht, fast 1,5 Millionen Mann, das Nachbarland. Am 22. August 1939 hatte Hitler den führenden Generälen seine Kriegsziele erklärt:"...daß das Kriegsziel nicht im Erreichen bestimmter Linien, sondern in der physischen Vernichtung des Gegners besteht. So habe ich...meine Totenkopfverbände bereitgestellt mit dem Befehl, unbarmherzig und mitleidlos Mann, Weib und Kind polnischer Abstammung und Sprache in den Tod zu schicken...Polen wird entvölkert und mit Deutschen besiedelt."

SS-Einsatzgruppen, Polizeieinheiten, volksdeutsche Milizen und reguläre Soldaten der Wehrmacht töteten seit September 1939 überall im besetzten Polen Zivilisten.[116]

---

115 So bezeichnete sich Drescher in einem Schreiben vom 12.6.1944 (Stadtarchiv Leer, Rep. 1, Nr. 4476)
116 Evans, Richard J., Das Dritte Reich, Krieg, S. 17 ff.

Die Einsatzgruppen arbeiteten mit der Zivilverwaltung zusammen.[117]

In einem Schnellbrief Reinhard Heydrichs an die Führer der Einsatzgruppen vom 21. September 1939 über geplante Massnahmen gegen die jüdische Bevölkerung Polens heißt es:“ Alle erforderlichen Maßnahmen sind grundsätzlich stets im engsten Benehmen und Zusammenwirken mit den deutschen Zivilverwaltungs- und örtlich zuständigen Militärbehörden zu treffen...“.[118]

Mit dem deutschen Einmarsch begann auch für das polnische Judentum ein Leidensweg, der sich im Verlauf der Besatzungszeit von systematischer Entrechtung und sporadischen Mordaktionen zur Massenvernichtung steigern sollte. Schuld an dieser Tragödie hatten alle Organe der Besatzungsmacht, so der Militärhistoriker Dr. Hans Umbreit.[119]

Ab September 1939 wurde in den eroberten Gebieten hinter der Front zur Sicherung der Kriegsziele für zwei Monate eine Militärverwaltung mit der Amtsbezeichnung „Chef der Zivilverwaltung (CdZ)“ eingerichtet. Die CdZ unterstanden Hitler als Oberkommandierenden.

Landrat Conring wurde durch den Reichsminister des Innern am 8. September 1939 einem CdZ-Stab im Operationsgebiet Polen zur Verfügung gestellt. Sammelort war das Landratsamt Neidenburg. Neidenburg lag im südlichen Teil Ostpreussen im Regierungsbezirk Allenstein an der polnischen Nordgrenze.[120]

Er wurde im Range eines Oberkriegsverwaltungsrat als Landkommissar (Landrat) des Landkreises Plonsk eingesetzt (später eingedeutscht als Plöhnen), der zur Woiwodschaft Warszawa (Warschau) gehörte.

Militärisch unterstand dieses Gebiet dem Armeeoberkommando 3

117 Umbreit, Hans, in: Deutsche Militärverwaltungen 1938/1939, S. 132
118 Schumann/Nestler (Hg.): Nacht über Europa S. 121
119 Umbreit, Hans, a.a.O., S. 205
120 NLA AU, Handakte Suhr, Russisch Staatliches Militärarchiv (RGVA) -Sonderarchiv Moskau720-5-1280 Fond 720 (Reichsministerium des Innern) Findbuch 5 Akte 1280: Conring Blatt 163 f.

(AOK 3) und der Einsatzgruppe V (Einsatzkommando 3/5 2. SS-Totenkopfstandarte „Brandenburg") unter SS-Sturmbannführer Walter Albath.[121] Seyss-Inquart, der spätere Reichskommissar der Niederlande, wurde gleichzeitig Verwaltungschef von Krakau und später Vertreter des Generalgouverneurs Frank. [122] CdZ und Vorgesetzter Conrings war der Gauleiter Ostpreussens Erich Koch[123]. Die CdZ hatten einen SS-Rang erhalten und auch die zur Besatzungsverwaltung abgeordneten Beamten waren durchweg Parteigenossen, zumindest galten sie im nationalsozialistischen Sinne als „zuverlässig".[124]

Die fünftausend jüdischen Einwohner von Conrings Dienstort Plonsk (die Hälfte aller Einwohner) waren in diesem Zeitraum deutschen Terrorhandlungen ausgesetzt. Am 19. September 1939 wurden alle jüdischen Männer des Ortes unter Schlägen zusammengetrieben und registriert. Eine Anzahl wurden verschleppt und erschossen. Ein Gestapo-Offizier fotografierte die Registrierung.[125]

Dieser Teil Polens wurde im Oktober 1939 als Südostpreussen annektiert und zum ostpreussischen und damit deutschen Landkreis Zichenau (polnisch Ciechanow). Ein Kriegsziel Hitlers war die Gewinnung von „Lebensraum" durch „Arisierung".

Mit der Annektierung endete die Tätigkeit Conrings für die Militärverwaltung am 23. Oktober 1939.[126] Die Landkommissare wurden von Gauleiter Koch verabschiedet.[127]

Ab 22. Oktober 1939 unterstand der Regierungsbezirk Zichenau, zu dem Plonsk gehörte, dem Wehrkreiskommando I in Königsberg.[128].

---

121 Nacht über Europa, S. 355

122 Deutsche Milverw. S. 95 u. 99 (Seyss-Inquart trat dort erstmalig am 2. Oktober in Erscheinung S. 104), Nacht über Europa S. 119 f.

123 Nacht über Europa, S. 124 u. 203. Koch wurde in der Nachkriegszeit als Kriegsverbrecher in Polen verurteilt

124 Deutsche Militärverwaltung S. 131

125 Quelle: yadvashem, The first weeks of occupation, the story of the yewish community of Plonsk)

126 NLA Au Dep. Handakte Heiko Suhr, Russisch Staatliches Militärarchiv (RGVA) -Sonderarchiv Moskau- 720-5-1280 Fond 720 (Reichsministerium des Innern) Findbuch 5 Akte 1280: Conring Blatt 166

127 Deutsche Militärverwaltung, S. 134

128 Deutsche Militärverwatung S. 104

Bis zum 26. Oktober 1939 waren 531 Städte und Dörfer niedergebrannt und 16 376 Polen erschossen worden.[129]

Mit Erlass des Führers vom 17. Oktober 1939 wurde Conring als einem der ersten Beamten für seine Tätigkeit im Kriegsgebiet das neu gestiftete Kriegsverdienstkreuz 2. Klasse verliehen. Der Oberpräsident der Provinz Ostpreussen in Königsberg, Gauleiter Koch, sollte den Orden aushändigen.[130]

Nach Artikel 3 der Verordnung des Führers vom 18. Oktober 1939[131] wurde dieser Orden für besondere Verdienste bei der Durchführung sonstiger Kriegsaufgaben, bei denen ein Einsatz unter feindlicher Waffeneinwirkung nicht vorlag, verliehen. Welcher Art der besonderen Verdienste Conring zugeschrieben wurden, ist aus der Personalakte Conrings nicht zu entnehmen und bedarf noch der Aufklärung.

Nach einer kurzen Verwendung in der Besatzungsverwaltung Frankreichs (Feldkommandatur 606)[132] wurde der Leeraner Landrat durch Reichsminister Seyss-Inquart auf einen besonders verantwortungsvollen Posten der Besatzungsverwaltung[133], nach seinen Worten zu einem „Kriegskommando"[134], in den Niederlanden, berufen. Zwei Wochen nach der Kapitulation der völkerrechtswidrig überfallenen Niederlande wurde der 46-jährige Conring 1940 zum Beauftragten des Reichskommissars für die besetzten Niederlande (das war Seyss-Inquart)[135] für die Provinz Groningen mit etwa 450.000 Einwohnern ernannt. Ein ausserordentlicher Vertrauensbeweis der NSDAP-Füh-

129 Evans, Richard, Das Dritte Reich, Krieg, S. 37
130 NLA AU Dep. Handakte Heiko Suhr (RGVA - Sonderarchiv Moskau -, 720-5-1280, Blatt 200)
131 RGBl. v. 24. Oktober 1939 S. 2069
132 NLA AU Dep. Handakte Suhr Russisch Staatliches Militärarchiv (RGVA) -Sonderarchiv Moskau 720-5-1280Fond 720 (Reichsministerium des Innern) Findbuch 5
Akte 1280: Conring Blatt 192,
133 a.a.O.Blatt 189
134 a.a.O. Blatt 206
135 Seyss-Inquart wurde wegen seiner kriminellen Tätigkeiten i. S. der Anklage als Leiter der Zivilverwaltung in den besetzten Niederlanden (und in Polen) vom Intern. Militärgerichtshof in Nürnberg am 30.9.1946 zum Tod durch Erhängen verurteilt. International Military Tribunal Nuremberg, Documents and other Material in Evidence, Volume 1, S. 327f., S. 366

rung. Diese Führungsposten wurde durch die Parteileitung in Berlin besetzt. Wie Seyss-Inquart in einem Lagebericht im Juli 1940 hervorhob, „wurden für diese Posten beim Reichsleiter Bormann (Stab Heß) [136] Männer angefordert, die fast durchweg aus der Partei kommen...Nunmehr hat sich ergeben, dass es sich bei diesen Beamten nicht so sehr um Verwaltungsbeamte als um politisch erfahrene Männer handeln müsse.“ [137]

Die beiden Parteigenossen, der Ostfriese Conring und der Österreicher Seyss-Inquart, könnten sich bereits 1939 in besetzten Polen begegnet sein.

Bereits im November 1939 hatte Generalfeldmarschall Göring den Wunsch geäußert, Conring zur Verstärkung seiner Dienststelle (Beauftragter für den Vierjahresplan) nach Berlin abzuordnen. Dies wurde jedoch nicht durchgeführt.[138]

Auf dem Posten in der Provinz Groningen, die an den Landkreis Leer angrenzt, blieb der Leeraner Landrat bis zum Kriegsende.

Waren die Niederlande zunächst als militärisches Durchmarschgebiet okkupiert worden, wurden während der Besatzungszeit Annexionspläne immer bedeutender. Hitler war ohnehin der Auffassung, man habe dieses „germanische“ Land dem damals Römisch-Deutschen Reich mit dem Westfälischen Frieden geraubt. Nach über 400 Jahren sei es an der Zeit, die Niederlande wieder einzugliedern.[139] Auch Conring versuchte, für eine Akzeptanz großgermanischer Ideen zu sorgen.[140]

1941 forderte Conring in seiner Funktion als „Beauftragter“, den Reichskommissar in Den Haag auf, wegen des provozierenden Verhaltens Groninger Studenten vier der Rädelsführer (sie waren einer Universitätsveranstaltung demonstrativ ferngeblieben) „in ein deutsches Konzentrationslager zu überbringen“.[141]

---

136 Reichsleiter der NSDAP. Heß war „Stellvertreter des Führers“

137 International Military Tribunal Nuremberg, Documents and other Material in Evidence, Volume XXVI, 997-PS

138 NLA AU Dep. Handakte Suhr Blatt 171

139 Aufzeichnung des Generals Alfred Jodl in seinem Tagebuch vom 20.5.1940

140 NLA AU Dep. Handakte Suhr Blatt 141

141 NIOD Amsterdam: 206-7205-1280, Fernschreiben v. 8.10.1941

Aus der Korrespondenz des Auswärtigen Amtes in Berlin mit der Besatzungsverwaltung in den Niederlanden geht hervor, dass den Beteiligten die Morde in den Konzentrationslagern bekannt waren.[142]

Während des April/Mai-Streiks gegen die deutsche Besetzung in den Niederlanden im Jahr 1943 erhielt Conring von dem Reichskommissar durch öffentliche Bekanntmachung besondere Befugnisse übertragen.[143] Das Polizeistandrecht wurde eingeführt. Am 14. Mai 1943 berichtete Conring dem Reichskommissar ausführlich über die Streikniederschlagung in seinem Zuständigkeitsbereich: „Die eingesetzten...Polizeikräfte erledigten ihre Aufgabe hervorragend gut... Ihnen, dem Leiter des *Standgerichtes* (Hervorh. d. Verf.) und dem guten Zusammenwirken aller deutschen und der führenden niederländischen Dienststellen...ist es zu danken, dass der Streik gleich zu Beginn zusammenbrach...Durch das Standgericht zum Tode verurteilt wurden in der Provinz Groningen 9 Männer, bei Zusammenrottungen wurden 23 Personen von deutscher Sicherheitspolizei auf der Stelle erschossen und 13 verletzt".[144]

Zu den von Conring in seinem „Erfolgsbericht" gemeldeten dreiundzwanzig auf der Stelle erschossenen Personen gehörte Steven van der Wier, ein 13-jähriger Junge aus Trimunt. In keiner anderen Provinz waren während des Streiks mehr Tote zu beklagen als in der Provinz Groningen.[145]

Der berüchtigte brutale Sicherheitsdienst (SD) des Reichsführers SS, der der Wehrmacht in den besetzten Gebieten folgte, hatte in Groningen seinen Sitz im „Scholtenhuis" mitten in der Stadt. In diesem Gebäude und dem Nachbargebäude hatten auch Conring und seine Beamten im Erdgeschoss ihre Büros. Conring beschwerte sich über den Lärm, der von den Verhörzimmern ausging.[146]

---

142 Conze/Frei/Hayes/Zimmermann, Das Amt und die Vergangenheit, S.240

143 Nieuwsblad van het Noorden, 56. Jahrgang, 1.Mai 1943, Überschrift: Politiestandrecht uitgebreid tot het geheele Land (Übers.: Polizeistandrecht auf das ganze Land ausgedehnt)

144 Abgedruckt bei Dr. P. J. Bouman, De April - Mei Stakeningen 1943, S. 393

145 H. Veldman, Nederlandse Dagblad, 3. Mai 1997

146 Über dem Büro von Conring befand sich das Büro und Verhörzimmer von Robert Lehnhoff. Lehnhoff wird als der „personifizierte SD-Terror" in Groningen bezeichnet. Conring beschwerte sich bei dessen Chef, Sturmbannführer Haase, darüber, dass er bei dem Geschrei ▶

Conring hatte bei einem Besuch des Reichsführers SS, Heinrich Himmler, dem mächtigsten Mann nach Hitler, 1940 in den Niederlanden mehrfach Kontakt zu ihm. Himmler folgte jeweils den deutschen Besatzungstruppen in Europa. Am 1. August 1940 besuchte Himmler in Begleitung von Conring ostfriesische Bauernhöfe.[147] Auch 1942 bereiste Himmler die Niederlande und brachte seiner Familie aus Holland „viel Obst, Gemüse und 150 Tulpen" mit.[148] *(Abb. 4 u. 5)*

Conring und die anderen höherrangigen deutschen Beamten und Offiziere wohnten bevorzugt in dem Groninger Villenvorort Haren[149] in der Nähe des Stadions „Esserberg". Ein enger Austausch aller Informationen war somit gewährleistet. Eigens zum Schutz dieser wichtigen Funktionsträger wurde ein Bunker Typ 608 gebaut.[150]

Prof. Dr. M. G. Boiten (Rijksuniversiteit van Groningen) urteilt über Conring: „...Conring war ein intelligenter Mann und ein ausgesprochener Nazi, der sich mit Kraft seiner Aufgabe, die Groninger zur „Neuen Ordnung" zu bekehren, widmete. Halbe Sachen waren von ihm nicht zu erwarten: Er ging hart an den Arbeitseinsatz und die Deportation von Juden heran...".[151] In einem Interview des Autors A. E. Cohen mit Dr. Friedrich Wimmer, dem Vertreter des Generalkommissars Seys-Inquart während der Besatzungszeit, im August 1947, sagte dieser u.a. „... Conring war nicht wendig. Er war zu starr... Conring war ein guter Nationalsozialist, aber nicht originell."[152]

Die Verfolgung der Juden während der deutschen Besetzung wurde in den Niederlanden besonders „effektiv" durchgeführt. Über 70

und Stöhnen der Opfer nicht arbeiten könne. Brinks, Het Scholtenhuis, S.26, S. 120

147 Westemeier, Jens, Himmlers Krieger, S. 165. In Himmlers Taschenkalender heisst es dazu unter dem 31.7.1940: 12.00 Emden (Hage) scheußlicher Flug dort Mittagessen Groningen: Kaffee. (Moors/Pfeiffer (Hg).) Heinrich Himmlers Taschenkalender 1940, Ferdinand Schöningh

148 Himmler/Wildt, Himmler privat, Briefe eines Massenmörders, Tagebucheintragung der Tochter vom 20. Mai 1942, S. 283

149 Groningen 1940 - 1945, S. 17. In dem vornehmen Landsitz „De Esserberg" besuchte ihn mehrmals auch Seyss-Inquart (Quelle: Dagboek J.V.S. Domela Nieuwenhuis Nyegaard, 4.9.1944, 18.9. 1944)

150 www.harendekrant.nl, 19.9.2011

151 Boiten, E. A. J., Groningen in Oorlogstijd, S. 33 f.. Übers. d. Verf.

152 NIOD (niod.nl/sites/niod.nl/filesNIODCohenWimmer.pdf)

Prozent (102.000 von 140.000) der 1941 in den Niederlanden lebenden Juden starben in den Konzentrationslagern.[153]

Der Leeraner SPD-Politiker Louis Thelemann[154] stellte in einem Schreiben vom 15. August 1947 an die „Netherland war criminal commission group" fest, dass Conring ein „Ehrenmann" sei. Der Anlass für die Abgabe dieses Zeugnisses war, dass Conring nach Kriegsende beschuldigt wurde, als Beauftragter der deutschen Besatzungsmacht konfiszierte niederländische Möbel und niederländische Zwangsarbeiter nach Deutschland verbracht zu haben. Die Konfiskation von Möbeln von Niederländern für Bombenopfer in Deutschland hatte Conring in einem Fernschreiben v. 17.4.1943 an Staatssekretär Dr. Wimmer in Den Haag vorgeschlagen.[155] Conring bestritt seine Beteiligung an diesen Vorgängen.
Zweifelsfrei steht fest, dass Conring für sich privat und die Ostfriesische Landschaft im besetzten Delfzijl aus dem Antiquitätengeschäft der jüdischen Familie Arent Gans (die Familie Gans war aus Emden vor der Verfolgung in die Niederlande geflüchtet) zahlreiche wertvolle Gegenstände erwarb, als Frau Gans bereits in ein Konzentrationslager verschleppt worden war. Der Kauf wurde daher mit einem von der deutschen Besatzungsverwaltung, deren Leiter Conring war, bestellten Treuhänder abgewickelt. Die Gegenstände mussten nach dem Krieg zurückgegeben werden.[156]

153 Benz, Wolfgang (Hg.), Dimension des Völkermords, S. 137 f.

154 Geb. 15. Januar 1890 in Leer, dort gestorben 31. Januar 1950

155 Nationaal Archiev, Dossier S 42, CABR 91869. Ein niederländischer Zeuge bestätigte, dass 7-8 grosse Möbelwagen Möbel für ausgebombte Leeraner nach Leer unter Beteiligung Oberinspektors Lindau (Stadt Leer) gebracht hatten und der Bevollmächtigte an der Arretierung von Niederländern beteiligt war. Lindau selbst erklärte, im Auftrage von Drescher und dem stellvertretenden Landrat Windels mit einer Person namens Siefkes (u.U. der damalige Kreisfeuerwehrführer aus Filsum. Verf.) in Groningen gewesen zu sein. Louis Thelemann war ein Freund Wilhelmine Siefkes. Beide wurden in ihren Wohnhaus ausgebombt. Dabei starb die Mutter Thelemanns. Wilhelmine Siefkes schreibt in ihren Erinnerungen (S.147 f.): Wir erhielten ein Schreiben („Von der Behörde") und wurden aufgefordert, in der Viehhalle aus dem dortigen Möbellager das Notwendige kostenlos auszusuchen...Dorthin hatte man das Eigentum von aus Holland verschleppten Juden gebracht, ganze Wohnungseinrichtungen, prachtvolle Möbel aus reichen Häusern..." 1942/1943 wurden in Hamburg allein aus den Niederlanden 45 Schiffsladungen mit „Judengut" unter der Bevölkerung verteilt.(Götz Aly, Volk ohne Mitte. S. 84)

156 NLA AU Dep. 1 N, Nr. 3737. Dazu auch Hennig, Nina in „Das 20. Jahrhundert im Blick", S. 95 f.

Bürgermeister Erich Drescher war der weitere kommunale Machthaber des NS-Staates in Leer.

In der Bevölkerung „galt er (Drescher, Verf.) als heftig und aufbrausend, aber nicht als schlecht“, so Wilhelmine Siefkes.[157] Er fand offenbar die Zustimmung der Mehrheitsbevölkerung. Die NSDAP schlug ihn zweimal für die Auszeichnung mit dem Kriegsverdienstkreuz vor, im Mai 1942 für das Kriegsverdienstkreuz II. Klasse und im September 1942 für das Kriegsverdienstkreuz I. Klasse. Zur Begründung wurde sein Einsatz für die Bombengeschädigten während der alliierten Luftangriffe auf Leer angeführt.[158]

Drescher wird von einem anderen Zeitzeugen als „Nazischwein“ bezeichnet. Seine Frau habe ein Verhältnis mit einem Viehhändler gehabt, dessen jüdische Frau sich aus Angst vor Verfolgung umgebracht haben soll.[159]

„Im Jahr 1935 hängte der Chauffeur von Drescher mit einigen Kumpanen einen jüdischen Viehhändler mit dem Rockkragen an ein Eisengitter. Nach Protest eines englischen Aufkäufers auf dem Viehmarkt wird der Chauffeur verhaftet, sitzt aber gleich danach wieder bei der Ausfahrt seines Herrn am Steuer“.[160]

In einem Interview mit dem von ihm herausgegebenen NSDAP-Blatt „Ostfriesische Tageszeitung (OTZ)“ äußerte Drescher sich am 18. Januar 1936: „Wie überall, so gibt es selbstverständlich auch in Ostfriesland Kreise, die dem Staat und seinen Maßnahmen immer noch ablehnend oder sogar feindlich gegenüberstehen, ... sie werden von den zuständigen Organisationen scharf beobachtet und dürfen über kurz oder lang erledigt sein“. [161] Auf dem Gelände der unter seiner Mitwirkung in der Pogromnacht 1938 abgebrannten Synagoge wollte er eine Bedürfnisanstalt errichten lassen.[162]

---

157 Erinnerungen, S. 155

158 BArch (BDC) Führerkartei

159 Dokumentation Leer 1933 - 1945, Zeitzeugenbericht Hoeschen, S. 439

160 Deutschlandberichte der SOPADE, 2. Jahrgang 1935, S. 69 oben

161 Stadtarchiv Leer Rep. 1: 2190

162 Stadtarchiv Leer, Rep. 424, Niederschrift über die Beratungen mit den Ratsherren v. 12.12.1938

Drescher war, wie auch die übrigen Verwaltungschefs in Ostfriesland, Befürworter und Wegbereiter der Deportation der Juden in Richtung Osten. Am 23. November 1939 schrieb er als Bürgermeister dem Regierungspräsidenten in Aurich: „Die Einwohnerschaft von Leer zeigt grosse Abneigung gegenüber den Juden. Aus diesem Grunde mussten den Juden verschiedene Beschränkungen auferlegt werden. Ich halte (daher) eine Abschiebung der gesamten in Leer wohnenden Juden für die einzig richtige Lösung. Es gibt vielleicht in Polen einen geeigneten Ort, wo die Juden unterzubringen wären, hier würden sie auch dem Staat nicht so gefährlich werden“. Dies unterstrich er als Gauinspekteur der NSDAP mit Schreiben vom 24. November 1939 aus dem Rathaus. Die „Umsiedlung“ der ostfriesischen Juden nach Polen hatte mit Schreiben vom 4. November 1939 bereits der Landrat von Norden „ich denke an Warschau und Umgebung“ und der Oberbürgermeister der Stadt Emden mit Schreiben vom 8. November 1939 gefordert, und zwar „nach einem ziemlich isolierten Ort in Polen...Auch die Reichsbahn müsste einen Zug zur Verfügung stellen, um sämtliche Juden auf einmal...abtransportieren zu können“. Dieses war augenscheinlich eine abgesprochene Initiative.[163] Die Vorschläge der ostfriesischen Verwaltungschefs zur Deportation der Juden waren identisch mit einer Aktion des SS-Obersturmbannführers Adolf Eichmann, der zwischen dem 18. und 26. Oktober 1939 „Versuchstransporte“ mit 5000 Juden nach Nisko in Polen organisierte. Dies war das Ergebnis einer Leitungs-Besprechung mit Heydrich am 21. September 1939.[164] Offensichtlich waren die führenden Nationalsozialisten in Ostfriesland über die Planungen auf Reichsebene gut informiert. Vielleicht auch von ihrem Parteigenossen und Kollegen Conring, der von seinem Einsatz in Polen zurückgekehrt war. Der Nisko-Plan Eichmanns wurde später nicht weiter verfolgt.[165]

Am 19. April 1945 flogen britische Bomber einen Angriff auf die Kaserne in Leer, zerstörten Gebäude und töteten etwa 300 Soldaten,

163 *NLA AU, Rep. 16/1, Nr. 961*
164 *Höhne,Heinz, Der Orden unter dem Totenkopf, S. 322 f.*
165 *Evans, Richard J., Das Dritte Reich - Krieg -, S. 80 f.*

Marinehelferinnen und Zivilisten. Am Tag danach, dem Geburtstag des „Führers“, und wenige Tage vor dessen Selbstmord, folgte die letzte öffentliche Amtshandlung Dreschers. Zusammen mit dem NSDAP-Kreisleiter richtete er einen Aufruf an die Bevölkerung: „Deutsche Männer und Frauen, Jungen und Mädel! ...Mit dem Führer durch Nacht zum Licht in eine bessere Zukunft![166] Der sinnlose Akt der Verteidigung Leers in den letzten Kriegstagen im April 1945 forderte mit seinen rund 400 Toten mehr Opfer als die viereinhalb Jahre Luftangriffe auf Emden, stellt Enno Eimers fest.[167]

Durch ein Urteil des Landgerichts Aurich vom 12. Dezember 1951 wurde Erich Drescher nach einem aufwändigen Verfahren mit allein drei medizinischen Sachverständigen wegen seiner Mitwirkung an der Pogromnacht unter Zubilligung verminderter Zurechnungsfähigkeit aufgrund einer Kopfverletzung aus dem Ersten Weltkrieg zu einem Jahr und neun Monaten Zuchthaus verurteilt. Ihm wurde schwere Brandstiftung, schwerer Landfriedensbruch und schwere Freiheitsberaubung vorgeworfen. Von einer Aberkennung der bürgerlichen Ehrenrechte sah das Gericht ab, da „es sich bei den Verfehlungen des Angeklagten um einmalige, mit dem NS-System im Zusammenhang stehende Gesetzesverstösse handelt und sein Leben sonst straffrei verlaufen ist“.[168] Drescher war zwölf Jahre Hitlers Helfer in Leer.

166 OTZ v. 20.4.1945
167 Eimers, Enno, Kleine Geschichte der Stadt Leer, S. 110
168 Stadtarchiv Leer, Rep. 1 Nr. 2190

Allianz der Verfolger - Bürgermeister und Landrat

Nach dem ersten Opfer der Machtübernahme in Leer, dem parteilosen Bürgermeister Dr. vom Bruch, der durch Absetzung und Hetze in den Tod getrieben wurde, verfolgten Conring und Drescher Sozialdemokraten und Kommunisten als die politischen Gegner des neuen Regimes.

Als Landrat und Leiter der Kreispolizeibehörde unterzeichnete Conring Schutzhaftbefehle[169] gegen Regimegegner und beantragte bereits am 18. April 1933 beim Regierungspräsidenten in Aurich die Verhaftung und Überführung von Kommunisten in Konzentrationslager.[170]

Die Akten belegen, dass Conring in Sachen Schutzhaft aktiv und persönlich enge Absprachen mit den leitenden Parteifunktionären der NSDAP, insbesondere Drescher, getroffen hat.[171] So teilte ihm der Staatskommissar und Gauinspekteur der NSDAP Drescher am 13. April 1933 auf sein Verlangen mit, dass er die „aktiv tätig gewesenen Kommunisten in 2 Gruppen einteile“: Gruppe A mit fünf Namen mit der Bemerkung „Ich halte die Unterbringung dieser Leute in einem Konzentrationslager auf längere Zeit für angebracht und sogar für erforderlich...“ Gruppe B mit wieder fünf Namen als minder schwere Fälle.[172]

Wie effektiv Drescher und Conring bereits in der frühen Phase der Machtübernahme der NSDAP zusammenarbeiteten, obwohl Conring

169 Formaljuristische Grundlage war die sog. Reichstagsbrandverordnung. Für die Verhängung von Schutzhaft waren ausschließlich politische Gründe massgebend, im Unterschied zur polizeilichen Vorbeugungshaft für „Kriminelle“ und „Asoziale“. Sh. dazu auch die Ausführungen zur „Aktion Arbeitsscheu“.

170 Janssen, Albert, in Ostfriesland - Zwischen Republik und Diktatur, Ostfriesische Landschaft 1998, S. 353 ff. Ebenda: Akkermann, Annelene: Aufstieg und Machtergreifung der Nationalsozialisten im Rheiderland 1929 bis 1936, insbes. S. 272 ff.

171 Die NS-Vergangenheit späterer niedersächsischer Landtagsabgeordneter, Abschlussbericht S. 68 f. Herausgegeben vom Präsidenten des Niedersächsischen. Landtages

172 NLA AU, Rep. 16/1, Nr. 996

erst 1937 Parteigenosse wurde, lässt sich aus einer Aufstellung des Regierungspräsidenten vom 16. April 1934 über die „Kosten durch Verhängung der Schutzhaft über politisch unzuverlässige Personen" für den Zeitraum von März 1933 bis März 1934 entnehmen. Danach sind für die ostfriesischen Gebietskörperschaften folgende Kosten (in RM) entstanden:

Stadt Leer	2.614,15	entspr. Hafttage[173]	1.742
Kreis Leer	2.512,50		1.675
Kreis Aurich	1.813,50		1.209
Stadt Emden	460,50		307
Kreis Wittmund	450,00		300
Stadt Weener	279,80		186
Kreis Norden	274,50		183

(Anmerkung: Der Einheitspreis pro Hafttag betrug 1,50 RM)[174]

Das Fazit: Zweidrittel aller Hafttage in Ostfriesland wurden durch Drescher und Conring veranlasst.

Conring war nicht passiver Behördenchef, sondern griff persönlich in das Geschehen ein. Telefonisch forderte er den Oberlandjäger Bolte vom Landjägereiposten Steenfelde am 6. April 1933 auf, den 49-jährigen Bahnbetriebsarbeiter Bernhard Gerdes in Schutzhaft zu nehmen. Gerdes saß bis zum 17. August 1933 im Gerichtsgefängnis Leer ein.[175]

Am 28. Juli 1933 ordnete er schriftlich an, 21 Schutzhäftlinge nach Börgermoor zu bringen. 15 SA-Männer führten den Transport durch.[176] Das Lager I Börgermoor gehörte neben Neusustrum und Esterwegen zu den frühen Konzentrationslagern im Emsland. Ab Juni 1933 inhaftierten die nationalsozialistische Führung und der

173 Umrechnung durch Verf.
174 NLA AU, Rep. 16/1, Nr. 995
175 NLA AU, Rep. 16/1, Nr. 994
176 NLA AU, Rep. 16/1, Nr. 995

preußische Staat in dem für 1.000 Häftlinge angelegten Lager vor allem politische Gegner und setzten sie zur Zwangsarbeit in der Moorkultivierung ein. In seinem 1935 im Schweizer Exil erschienenen Buch „Die Moorsoldaten" schildert Wolfgang Langhoff seine Hafterlebnisse in Börgermoor und die Entstehung des Liedes „Wir sind die Moorsoldaten" im August 1933.[177]

Zu den Verhafteten gehörte auch der Kommunist Eppe Wilken aus Bunde. Die Verhafteten saßen zunächst im Gerichtsgefängnis in Leer ein. Frau Wilken hatte am 15. Mai 1933 über den Landrat an den Regierungspräsidenten wegen der schweren Erkrankung eines ihrer Kinder ein Entlassungsgesuch für ihren Mann gestellt. Am 22. Mai 1933 bat Eppe Wilken selbst den Landrat direkt um Beurlaubung oder Entlassung aus der Haft wegen des inzwischen eingetretenen Todes seines Kindes. In seiner Stellungnahme an den Regierungspräsidenten schrieb Conring am 24. Mai 1933:"...Der Tod des Kindes dürfte kein ausreichender Grund für die Entlassung sein..." Vielmehr ließ er Eppe Wilken am 29. Juli 1933 in das Konzentrationslager Börgermoor überführen. Erst am 10. Dezember 1933 schickte er der Gestapo in Wilhelmshaven auf deren Anforderung eine Liste mit seinen Vorschlägen für die weitere Behandlung der in den Konzentrationslagern einsitzenden Männer aus dem Landkreis Leer. Dabei schlug er vor, dass die zu entlassenen Häftlinge in Börgermoor in geschlossener Formation nach Ihrhove (etwa 20 km entfernt) marschieren sollten. Erst jetzt stimmte er in Abstimmung mit der politischen Leitung der NSDAP einer Entlassung Wilkens zu.[178]

Er wies am 5. Mai 1933 den Gemeindevorstand in Heisfelde an, den Beigeordneten Johann Hinderks wegen „sozialdemokratischer Umtriebe" von dessen Posten in der Gemeindevertretung zu entbinden. Hinderks wurde nach dem Krieg von der Militärregierung als Bürgermeister von Heisfelde eingesetzt.[179]

---

177 Quelle: Gedenkstätte Esterwegen,(http://www.gedenkstaette-esterwegen.de/geschichte/die-emslandlager/i-boergermoor.html)

178 NLA AU Rep. 16/1, Nr. 47

179 Stadtarchiv Leer Rep. 15: 163

Nach einem Bericht des Parteiorgans der NSDAP in Ostfriesland, der Zeitung OTZ vom 19. Februar 1934, ließ er die Polizeibeamten van Lengen und Kunzmann verhaften, weil sie ihre SPD-Mitgliedschaft verschwiegen hatten. Er hatte den Assessor Dr. von Kaufmanns und den Sonderbevollmächtigen der obersten SA-Führung beim Landratsamt, Sturmbannführer Lübben, mit der Festnahme beauftragt.[180] Selbst das Reichsinnenministerium kam zu der Einschätzung, dass die Schutzhaft vom Landrat „mißbräuchlich" angeordnet wurde.[181]

Dieser Vorgang dokumentiert die enge Zusammenarbeit von kommunalen Stellen in Leer mit der NSDAP. In seinem „Politischen Lage- und Stimmungsbericht des Monats Februar 1934" an den Regierungspräsidenten in Aurich begründete der Landrat seine Entscheidung mit der aufgeheizten Stimmung in Leer wegen des Korruptionsprozesses gegen den Leiter des städtischen Viehhofes, Dr. Krause. Auch Dr. Krause wurde nach Aufhebung des Haftbefehls von ihm in Schutzhaft genommen, weil er nach seiner Ansicht durch Aussagen während des Prozesses das Ansehen der NSDAP-Funktionäre in Leer geschädigt habe. Schon hier zeigt sich der unverhüllte Gebrauch des nationalsozialistischen Euphemismus mit dem Wort „Schutzhaft" durch einen Amtsträger. Dieses „doublespeak" im Orwellschen Sinne durchzieht die internen Schreiben und Stellungnahmen sowohl von Conring als auch von Drescher. Weiter heisst es in dem Lagebericht: "Ich habe im Laufe des Monats Februar 16 Personen in Schutzhaft nehmen müssen, darunter befindet sich der aus dem Gefängnis in Lingen entlassene Arbeiter Thormählen. Er ist bereits einem Konzentrationslager zugeführt worden." [182]

Die NSDAP begnügte sich nicht damit, die Behördenstrukturen und willfährige Amtsträger für ihre Ziele zu nutzen, sie inszenierte ihre Machtübernahme. In der ersten Sitzung des Bürgervorsteherkollegiums unter Dreschers Leitung wurden Straßenumbenennungen beschlossen: Zum Beispiel wurde die Mühlenstrasse in Adolf-Hitler-

---

180 Stadtarchiv Leer Rep. 1:2190
181 Suhr, Heiko a.a.O., S. 133
182 NLA AU Rep. 16/1, Nr. 979

Straße umbenannt. Hitler erhielt die Ehrenbürgerschaft. In einem Bilderrahmen mit dem Ölgemälde Wilhelm II. wurde dieses Porträt durch ein Bildnis des „Führers“ ausgetauscht.[183] Das Kaiserbildnis war schon einmal, während der linken November-Revolution 1918, im Keller des Rathauses verschwunden.[184]

Der Saal des Leeraner Rathauses wurde im Sinne der neuen Machthaber umgestaltet. Offizielle Begründung: „… es hat sich gezeigt, dass durch die bunten Bilder über dem Präsidentensitz das Publikum nicht die nötige Aufmerksamkeit aufbringen konnte, um der Veranstaltung zu folgen, da es durch die flimmernden Bilder abgelenkt wurde…“.[185] Das Stadtbauamt hielt eine Abdichtung der Stirnwand mit Belassen der Fenster wegen großer dauernder Kosten für unmöglich. Es wurde daher erwogen, die Fenster zu entfernen.

Von wesentlicher Bedeutung war dabei, dass die Fenster von zwei führenden Mitgliedern der Freimaurerloge in Leer gestiftet worden waren. Die Freimauerei galt den Nationalsozialisten wie das „Judentum“ und der „Internationale Marxismus“ als Bedrohung Deutschlands.[186] Ein Kaiserfenster wurde von der Freimaurerloge selbst, deren Mitglied auch Bürgermeister Dieckmann war, gestiftet, zwei weitere von den Familien Zopfs und Wreesmann aus Leer. Die Kaiserfenster kosteten damals 1.860 Mark, heute in Euro etwa das Siebenfache.[187]

Wenige Monate nach der Selbsttötung des Bürgermeisters in der gegenüberliegenden Dienstwohnung trafen sich im Herbst 1933 im Festsaal der Gewerbelehrer und Kreiskulturwart der NSDAP

183 Nach der militärische Niederlage in Stalingrad meldete der Sicherheitsdienst des RFSS (SD) am 8. Juli 1943 Auflockerungserscheinungen in der Haltung der Bevölkerung, die sich auch in zunehmenden politischen Witzen widerspiegelte. So lautete ein Witz: „Nächstens gibt es mehr Butter, weil die Führerbilder entrahmt werden (Meldungen aus dem Reich, dtv dokumente, München (Deutscher Taschenbuchverlag) 1968

184 Eimers, Enno, a.a.O., S. 79

185 Stadtarchiv Leer: Schreiben an den Landrat Dr. Conring vom 30.10.1934

186 Himmler verdammte bereits 1924 die „Hydra von schwarzer und roter Internationale.. von Judentum...von Freimaurern...“ Richard J. Evans, Das Dritte Reich, S. 321

187 Quelle: Veröffentlichungen der Deutschen Bundesbank (Kaufkraftäquivalente historischer Beträge in deutschen Währungen)

Jan (Johann) Linnemann (er war am 1. Mai 1933 in die NSDAP eingetreten)[188] und Beamte der Stadtverwaltung. Es wurde über die Renovierung des Saales gesprochen, insbesondere auch über die rückwärtige Stirnseite des Saales. Nach Ansicht von Linnemann besaßen die „Kaiserfenster" „keinen künstlerischen Wert".

Im Mai 1934 besichtigte auch der Maler und Grafiker Ernst Petrich, Fachlehrer in Berlin/Lankwitz, auf Wunsch des Bürgermeisters den Saal. Petrich, Jahrgang 1878, hatte seine Jugend in Leer verbracht. Sein Urteil über die drei Glasbilder: „Ein Kunstwert ist den Glasmalereien nicht beizumessen."[189]

Die Firma Ferdinand Müller aus Quedlinburg, die die Fenster 1894 lieferte, hatte international einen hervorragenden Ruf durch die Anfertigung von Kirchenfenstern in Jerusalem, Jordanien, Südafrika, Amerika und Indonesien. 76 Angestellte, hierzu zählten z. T. akademisch ausgebildete Glasmaler und ‚Zeichner, arbeiteten in der Innenstadt von Quedlinburg. Der Leitspruch der Firma war: „Schön ersonnen, gut gemacht, Handwerk hat's zur Kunst gebracht…".[190]

Petrich und Linnemann bestätigten ihre Werturteile auf Verlangen von Bürgermeister Drescher schriftlich. Für Drescher waren die von Petrich und Linnemann wunschgemäß erteilten „Expertisen" eine willkommene Rechtfertigung für die Umgestaltung des Saales im Sinne der Nationalsozialisten. Im Einvernehmen mit dem Stadtrat wurden Ende September/Anfang Oktober 1934 die Fenster entfernt und die Öffnungen zugemauert. Damit wurde das Baudenkmal Rathaus in einem wesentlichen Teil verunstaltet und die totale Ausrichtung auf den neuen NS-Staat für alle sichtbar.[191]

---

188 BArch - NSDAP - Gaukartei -, Mitgliedsnr. 3058660

189 Stadtarchiv Leer, Rep. 1 Vorgang - Kaiserfenster -

190 Stadtarchiv Leer, Rep. 1-1605

191 Die aus dem Rathaus ausgebauten „Kaiserfenster" wurden 1934 dem Kriegerverein Leer übergeben. Der Kriegerverein war u.a. zuständig für den Erhalt des Kriegerdenkmals an der Mühlenstraße. Im Jahr 1929 wurde eine historische Sammlung im neuen Wasserturm angelegt. Nach unbestätigten Angaben von Zeitzeugen sollen die aus dem Rathaus entfernten Kaiserbilder samt Eisenrahmen im neuen Wasserturm gelagert worden sein. Sie seien dann gegen Ende des Zweiten Weltkrieges, als ein Flakgeschütz am Wasserturm stationiert wurde, in die Papierfabrik Neemann verbracht worden. Die Papierfabrik Neemann befand sich an der Deichstraße vor der Stadt an der heutigen Umgehungsstraße. Sie erlitt in den letz ten Kriegstagen einen Bombenvolltreffer der Alliierten und ist dabei völlig zerstört worden. ▶

Strukturen der Verfolgung und informelle Netzwerke

Um die Herrschaft des Regimes abzusichern und der „Volksschädlinge" habhaft zu werden, bedurfte es auch in Ostfriesland einer „Verfolgungsinfrastruktur" bis in die Dörfer.

Ein wesentlicher struktureller Machtfaktor war die Aufhebung der Trennung von Partei und Staat. Im „Gesetz zur Sicherung der Einheit von Partei und Staat" vom 1. Dezember 1933 lautete § 1: „Nach dem Sieg der nationalsozialistischen Revolution ist die Nationalsozialistische Deutsche Arbeiterpartei die Trägerin des deutschen Staatsgedankens und mit dem Staat unlöslich verbunden. Sie ist eine Körperschaft des Öffentlichen Rechts. Ihre Satzung bestimmt der Führer." [192] Der Historiker Götz Aly konstatiert für den Nationalsozialismus eine „eigentümliche Verbindung von populistischer Stimmungspolitik, intelligenter Intervention und kalkulierten Morden". Und: „In der Spannung zwischen Bruch und Kontinuität, fachlicher Prinzipienfestigkeit und massiv erweiterten Karrierechancen wurden Fachleute jeder Art zu sehr verschiedenen, verschiedenartig nützlichen Werkzeugen der NS-Herrschaft." [193]

Der Historiker Andreas Wirsching schreibt:„...Die funktionale Kooperation aller beteiligten Stellen gewährleistete von Beginn an die mörderische Effizienz des Regimes...Besonders eindrücklich ist das für den Bereich der kommunalen Verwaltung nachgewiesen worden".[194]

Ein Zeitzeuge erinnert sich daran, dass viele Säcke mit getrockneten Erbsen dort lagerten, die unter der Hitze des Feuers explosionsartig zerplatzen. Ein anderer Zeitzeuge will gehört haben, dass dort auch die Kaiserfenster verglühten.
Die Stadt Leer hatte in den letzten Jahren mit großzügiger Unterstützung durch Bürger der Stadt den Rathausfestsaal restauriert. Im Jahr 2012 wurde der Künstler Günther Grohs, Wernigerode und die Glaswerkstatt Derix in Taunusstein beauftragt, die drei „Kaiserfenster" in einer künstlerischen Neuschöpfung wieder herzustellen. Neben der Wiederherstellung von Wandmalereien sind auch die Fenster an der Stirnseite am 17. Dezember 2012 der Öffentlichkeit übergeben worden.

192 Binder, Gerhart, Epoche der Entscheidungen, S. 247
193 Aly, Götz, Hitlers Volksstaat S. 22
194 Wirsching, Das Jahr 1933, S.22

Die personellen Verflechtungen auf Behördenebene lagen offen. Der „Ostfreesland-Kalender 1938“ („Der Kalender für Jedermann“ aus dem Soltau - Verlag) veröffentlicht die Parteistellen im „Verzeichnis der Dienststellen der NSDAP“ in Ostfriesland mit den Adressen und Telefonnummern.[195] Gauinspekteur für Ostfriesland war Parteigenosse Erich Drescher in Leer, Rathaus. Die Kreisleitung befand sich in der Brunnenstr. 14 (jetzt Sitz der AOK). Sie war in 12 „Ämter“ mit Sonderbeauftragten gegliedert, die von Bürgern aus Leer besetzt waren. Auf der Nesse war die SA-Standarte mit einem Obersturmbannführer angesiedelt.

Im Kreisausschuss, mit dem NSDAP-Mitglied Landrat Dr. Conring als Vorsitzendem, waren 1938 auch der NSDAP-Gauinspekteur Drescher und der NSDAP-Kreisleiter Schümann vertreten. Viele Beamte in den örtlichen Behörden waren Mitglieder der NSDAP und gehörten der SA an, wie z.B. der stellvertretende Arbeitsamtsdirektor im Jahre 1934: Er war zugleich Propaganda- und Pressewart der NSDAP-Kreisleitung. Der Geschäftsführer der AOK war 1934 Beauftragter der Obersten SA-Führung für den Kreis Leer und NSDAP-Ortsgruppenleiter. Der Sparkassendirektor betätigte sich 1938 als Ortsgruppenleiter der NSDAP Leer-Mitte. Der Oberamtsrichter des Amtsgerichts, Amtsgerichtsrat van Hove und ein Justizinspektor waren Mitglieder der NSDAP.[196]

Van Hove war gleichzeitig Kreisamtsleiter der Partei. Ein Obergerichtsvollzieher war Block- und Zellenleiter.[197] Der Leiter des „Amtes für Volksgesundheit“ der Partei, Dr. Visser, war auch Mitglied des Erbgesundheitsgerichtes in Aurich und des Kreisausschusses.

Es war ein dichtes Geflecht von persönlichen Beziehungen und Informanten vorhanden.

Wie konnte die 1934 eingerichtete Gestapo/Kripostelle Wilhelmshaven in den 60 km entfernten Landkreis Leer mit rd. 97.000 Einwohnern eingreifen? Wie funktionierte der Überwachungsstaat?

195 S. 55 - 57
196 NLA AU Rep. 107, Nr. 796
197 a.a.O.

Die Gestapo war nicht überall. Das ergab sich schon aus der Personalstärke. Es überwachten z.B. im Raum Düsseldorf 170 Mitarbeiter 4,15 Millionen Menschen.[198] In Hamburg waren es 1936 etwa 200 Beamte für rd. 1,2 Millionen Einwohner. In großen Städten wie Braunschweig 33, in Leipzig etwa 100 Beamte.[199] Im gesamten Deutschen Reich waren in der Vorkriegszeit etwa 6.500 Beamte im Berliner Hauptquartier und in den 54 Stapostellen tätig.[200]

Die Einwohnerzahl des Deutschen Reiches betrug 1938 etwa 79 Millionen. Rechnerisch entfiel ein Gestapo-Beamter auf 12.150 Einwohner. Zahlreiche Gestapo-Beamte unterhalb der Führungsebene waren vor 1933 Mitglieder der SPD.[201] Ab 1938 war es bei den Leitern der Stapo-Stellen in den Regionen zu einem Wandel gekommen. Die meisten waren beim Eintritt in die Gestapo noch nicht einmal 30 Jahre und stammten aus Beamten- und Selbständigen-Familien. 95 Prozent hatten Abitur, 87 Prozent hatten danach Jura studiert und die Hälfte war promoviert.[202]

Die Gestapo-Stelle Wilhelmshaven, zuständig für den Regierungsbezirk Aurich (einschl. Wilhelmshaven) mit rd. 314.000 Einwohnern (1935)[203] und für das Land Oldenburg mit etwa 580.00 Einwohner (1939), bestand 1934 aus einem Kriminalkommissar, zwei Kriminal-Sekretären und einem Kriminal-Assistenten. 1936 wurde das Personal wegen des kriegswichtigen Aufbaus des Marinestützpunktes in Wilhelmshaven erheblich verstärkt. Es waren 19 Beamte und 9 Angestellte tätig. Das Geheime Staatspolizeiamt in Berlin plante, die Personalstärke auf insgesamt 60 Personen aufzustocken.[204] Auch diese Größenordnung wurde mit der Besonderheit des Aufbaus des großen Marinestandortes Wilhelmshaven begründet und nicht mit dem Einsatz in der Fläche Ostfrieslands.

---

198 Winkelkemper, Stefanie, RP-Online 14.1.2010

199 Vergleichsweise hatte das Ministerium für Staatssicherheit der DDR im Bezirk Leipzig 2.401 hauptamtliche und rund 10.000 Inoffizielle Mitarbeiter. Grüttner, Michael, Brandstifter und Biedermänner, S. 125

200 Dams/Stolle, Die Gestapo, S. 45 f.

201 a.a.O., S. 62

202 a.a.O., S. 58 f.

203 NLA AU Rep. 16/1 Nr. 908

204 NLA AU Rep. 16/1, Nr. 945

Landrat Conring arbeitete eng mit der für Ostfriesland zuständigen Gestapo-Stelle in Wilhelmshaven zusammen. Auf Borkum baute er die Aussenstelle des Landkreises für Zwecke der Gestapo aus.[205]

Es waren nicht bis in die Dörfer und Kleinstädte, wie heute gelegentlich klischeehaft von Medien vermittelt wird, brutale und fanatische Gestapo-Beamte in langen Ledermänteln allgegenwärtig. Die Gestapo bediente sich in der Region der Kreis- und Stadtpolizeibehörden (d. h. in Person deren Behördenleiter, die Landräte und Bürgermeister). Aus Sicht der Gestapo-Führung waren kommunale Polizei und Verwaltung nicht nur der verlängerte Arm der Verfolgungsbehörde vor Ort, sie waren fester Bestandteil des Verfolgungsnetzwerkes.[206] Landräte, Bürgermeister, Ortspolizei und andere Behörden wurden untrennbar mit dem Terrorsystem verknüpft, das ergeben auch die Forschungsergebnisse von Herbert Wagner über den Staatsterror im deutsch-niederländischen Grenzgebiet.[207] Die örtlichen Behörden wurden schon 1934 in einem Erlass Görings, in seiner Eigenschaft als Preußischer Ministerpräsident, als Hilfsorgane der Gestapo bezeichnet.[208] In § 4 des Gesetzes über die Geheime Staatspolizei vom 10. Februar 1936 wurden die Kreis- und Ortspolizeibehörden als unterste Stufe der politischen Polizei (Gestapo) bestimmt.[209] Somit waren Landrat und Bürgermeister auch formal Teile des Gestapo-Apparates. Der Landrat hatte den Zugriff auf die Landgendarmen (Landjägerposten) in den Dörfern, die wiederum vor Ort mit der NSDAP vernetzt waren. So schrieb zum Beispiel bereits am 9. Mai 1933 Landjägermeister Buller aus Bunde an den „Herrn Landrat“: “Bezugnehmend auf die telefonische Rücksprache berichte ich, nachdem ich mich mit dem Ortsgruppenleiter der NSDAP in Bunde ins Benehmen gesetzt habe, dass...“ [210]

---

205 NLA AU, Rep. 16/1/63, Schreiben Conring v. 27.10.1937 an den Reichs- und Preussischen Minister des Innern, Berlin, Die offizielle Chronik des Landkreises Leer verschweigt die Tätigkeit der Kreisverwaltung in den Jahren 1933 - 1945. 125 Landkreis Leer, Leer 2010

206 a.a.O. S. 95

207 Wagner, Herbert, Die Gestapo war nicht allein..., S. 215

208 abgedruckt in: IFZ Heftarchiv 1965

209 Preuß. GS 1936, S. 22 ff.;Buchheim, Hans: Anatomie des SS-Staates, Band 1, S.148

210 NLA AU, 16/1, Nr. 47, S. 23

Die Kreispolizeibehörde beteiligte sich aktiv an übergeordneten Polizeiaktionen.

Conring schilderte minutiös den Hergang von Gestapo - Aktionen bei denen er mitwirkte: So erhielt seine Behörde am 14. Dezember 1936 um 17.50 Uhr das Ersuchen der Gestapo Wilhelmshaven, eine Haussuchung bei Anhängern der „Bibelforscher" durchzuführen Conring stellte dazu fest: „Die von der Staatspolizeistelle gewünschten schlagartigen Haussuchungen wurden sämtlich zu dem festgesetzten Zeitpunkt durchgeführt".

Die sog. „Bibelforscher" waren eine spezielle Zielgruppe der Gestapo.[211]

Alle Festnahmen wurden zentral im „Geheimen Staatspolizeiamt" in Berlin registriert und ausgewertet. Für den Leiter Reinhard Heydrich wurde die Statistik grafisch polizeistellengenau aufbereitet, wie eine Landkarte für den Monat Juni 1937 ausweist.[212] Die Kartenlegende enthält als Zielgruppen für die Verfolgung und Verhaftungen wörtlich:

„Kommunisten - Sozialdemokraten - Staatsfeindliches Verhalten - Katholiken - Evangelische - Sekten, Int. Bibelforscher Vereinig. - Juden - Festnahmen aus wirtsch. Gründen - Partei - Homosexuelle - Abtreibungen."

Für die „Stapostelle Wilhelmshaven", die auch für den Regierungsbezirk Aurich zuständig war, wurden in dieser Karte vierzehn Verhaftungen bei den „Kommunisten", eine in der Kategorie „Staatsfeindliches Verhalten", zwei bei den „Sekten", und eine bei den

211 „Ernste Bibelforscher", ab 1931 „Zeugen Jehovas". Ab April 1933 als Glaubensgemeinschaft (etwa 25.000 Mitglieder in Deutschland) verboten, u.a. weil sie Kriegsdienstverweigerung praktizierten.. Über 2000 wurden in KZ eingewiesen. (Enzyklopädie des Nationalsozialismus, S. 496), NLA AU, Rep. 16/1/63: .1936/1937 machten die „Bibelforscher" (Zeugen Jehovas) mit einer Flugblatt - Aktion auf ihre Unterdrückung aufmerksam.
Der Lanwirt Elso Lüken aus Nüttermoor-Mooräcker (heute im Stadtgebiet Leer) wurde als „Bibelforscher" in Schutzhaft genommen und am 3.8.1938 in das Konzentrationslager Sachsenhausen gebracht, wo er, angeblich wegen „Beinschwellung und Herzschwäche", am 20. April 1940 starb. ITS-Archives, Bad Arolsen, 1.1.38.1/4093803

212 Deutsches Historisches Museum, Do 58/357.2

„Juden“ registriert. Im reichsweiten Vergleich lag die Stapostelle Wilhelmshaven in diesem Berichtsmonat mit 18 Verhaftungen, abgesehen von den Grossstädten, in der Spitzengruppe.

Conring war der Gestapo gegenüber berichtspflichtig und verfasste monatlich einen „Politischen Lage- und Stimmungsbericht“ über die Geschehnisse in Stadt und Landkreis Leer.[213] Den Bericht erhielt die Gestapo in Wilhelmshaven, eine Durchschrift der Regierungspräsident in Aurich. Akribisch wurden z.B. im Februarbericht 1934 Vorkommnisse nach einer vorgegebenen Gliederung dargestellt:

I. Gegner des Staates und der Bewegung

Der Landrat berichtete, dass er die Führer und Anhänger der SPD und KPD überwachte, wozu ihm auch die Postkontrollen dienten. Die entlassenen Schutzhäftlinge wurden scharf kontrolliert.

II. Die Bewegung und ihre Organisation

Conring stellte fest, dass die Stimmung in der NSDAP, SA und SS und auch im Stahlhelm gut sei und dass sämtliche Leute gerne ihren Dienst verrichteten.

III. Wirtschafts- und Sozialpolitik

Hier konstatierte Conring, dass allgemein grosse Hoffnung besteht, dass dem Führer der Reichsregierung gelingt, die Verhältnisse in Deutschland zu verbessern und die Wirtschaft wieder gesunden zu lassen.

IV. Besondere Beobachtungen

Hier wurde insbesondere über die in Schutzhaft genommenen Personen berichtet.

Über diese regelmäßigen Berichte hinaus bezog Conring gegenüber dem Regierungspräsidenten in einzelnen Fällen Stellung oder gab

Empfehlungen ab. So z.B. in einem Schreiben vom 16. März 1934 im Falle eines missliebigen Gewerbetreibenden: „Es wäre höchstens zu

---

213 NLA AU Rep. 16/1, Nr. 979

erwägen, ob man dem U. das Gewerbe nach § 119 des Zuständigkeitsgesetzes deshalb entzieht, weil er jüdischer Rasse ist".[214]

Aus den Akten wird auch eine nahtlose Zusammenarbeit zwischen Stadt und Landkreis Leer am Beispiel der Pogromnacht im November 1938 sichtbar. In seinem Geheimbericht an übergeordnete Dienststellen vom 15. November 1938 über die Pogromnacht im Landkreis Leer verwendet Conring die NS-Tarnsprache, obwohl er den tatsächlichen Hergang der Übergriffe auf die jüdische Bürger kennen musste.[215] Seine Dienstwohnung befand sich in der Nähe der Leeraner Synagoge im Haus Heisfelder Str. 83. Die Sprachregelung der NSDAP verwendete wie Conring für das Pogrom die Bezeichnung „Protestaktion", was suggerieren sollte, die Bevölkerung sei spontan gegen die Juden vorgegangen. In der Realität war die Aktion zentral initiiert und unter Leitung des Bürgermeisters von SA- und SS-Männern durchgeführt worden. Im Gegensatz zu Conring bezeichnete ein anderer Würdenträger des Regimes, Reichsbankpräsident Schacht, die Aktion als „Kulturschande", die „jedem anständigen Deutschen die Schamröte ins Gesicht treiben" müsse.[216]

Conring hatte auch Kenntnis von den auf den Pogrom folgenden Machenschaften der NSDAP. Nach einem Bericht der Gestapo Wilhelmshaven vom 31. März 1939 wurden die bei der jüdischen Bevölkerung während dieser Aktion „sichergestellten Bar- und Sachwerte" unter Mitwirkung von Conrings Behörde den „Parteidienststellen" der NSDAP übergeben. Darunter befanden sich 261,01 RM, die die SA dem Betreiber einer koscheren Gaststätte am Eingang des Viehhof-Geländes, David Hirschberg, abgenommen hatte.[217] Dafür wurden u.a. Pistolen für die SA angeschafft. Eine besondere Komplikation bei der Verteilung der „Beute" gab es in der Stadt Leer: Die SA-Standarte 3 hatte dem Bürgermeister Drescher 7.500 RM für den Abbruch der Synagoge übergeben. Dies fand nicht die Zustimmung

214 NLA AU, a.a.O:
215 Stadtarchiv Leer Rep. 1:2190
216 Grüttner, Michael, Brandstifter und Biedermänner, S. 463
217 NLA AU, Rep. 107, Nr. 2638. In dem Gebäudekomplex wirkte Conring nach dem Zweiten Weltkrieg als Generalsekretär des Landwirtschaftlichen Hauptverein für Ostfriesland (Ostfreesland, Kalender für Jedermann, 1964 S. 40)

der Partei. Es wurde durch Verhandlungen erreicht, dass der größte Teil des Geldes an die Parteidienststellen zurückfloss.[218]

Die Gestapo und die Kriminalpolizei arbeiteten eng mit den kommunalen Wohlfahrts-, Arbeits-, Gesundheits- und Fürsorgeämtern und den NSDAP - Kreis- und Ortsgruppenleitern zusammen.[219] Es wurde ein Arbeitsbuch für Arbeitnehmer eingeführt. Durch die Verknüpfung mit der Einwohnermeldekartei wurde eine totale Überwachung der Arbeitnehmer möglich. Landrat Conring berichtete der Gestapo Wilhelmshaven (aufgenommen in deren Oktober-Lagebericht 1935)[220]: „In Weener hat eine 74jährige Jüdin seit langer Zeit aufgrund falscher Angaben Kleinrentner-Unterstützung bezogen, obwohl sie bei der Sparkasse ein Guthaben-Konto von 7.300 RM unterhält. Das Konto habe ich sperren lassen, bis die Rückerstattungsansprüche von seiten des Kreisausschusses geltend gemacht sind". Die Behörden sammelten und lieferten Informationen über „Arbeitsscheue" und „Asoziale". So spannte sich auch in Leer ein dichtes Netz der Beobachtung und Verfolgung im Sinne des NS-Staates.

Die NSDAP selbst hatte bereits 1931 als Bestandteil der SS einen Sicherheitsdienst (SD) gegründet, der das Ziel hatte, jeden in Deutschland lebenden Menschen zu observieren und in Einzelfällen über die politische Zuverlässigkeit zu urteilen. Darüber hinaus wurde in den „Meldungen aus dem Reich" über die Stimmung in der Bevölkerung berichtet.[221] Eine Abgrenzung zu den Aufgaben der Gestapo wurde erst 1937 vorgenommen.[222] Auf die Arbeit des SD in Leer wird später noch eingegangen.

Innerhalb der „Mehrheitsgesellschaft" bildeten sich informelle Gruppen, die im Kern Parteimitgliedschaft, Karriereinteressen, „völkische Gesinnung", Antisemitismus, Kommunistenhass und Abhängigkei-

218 NLA AU, Rep. 107, Nr. 2638
219 Gesetz vom 26.2.1935 (RGBl. I, S. 311)
220 NLA AU, Rep. 16/1, Nr. 1024, S. 847
221 Sicherheitsdienst des Reichsführers SS. 1944 6482 hauptamtliche Mitarbeiter und rd. 30.000 V-Leute.Boberach, Heinz in Ennzyklopädie des Nationalsozialismus, S. 793
222 Buchheim, Hans, a.a.O., S. 60 f.

ten zusammengeführt hatten. Über diese informellen Gruppen finden sich kaum schriftliche Belege. Nur selten gelingt es, solche informellen Netzwerke in schriftlichen Quellen zu identifizieren.

Daher ist es erhellend, am Beispiel der schon genannten Personen Linnemann, Petrich, Drescher und Conring Verbindungslinien, Abhängigkeiten und Netzwerke, hier auf dem Gebiet der „Kultur", deutlich zu machen. Diese Personen sind auch ein Beispiel für den Grad der unterschiedlichen Intensität der Verstrickung und der „Handlangerschaft" im und für den NS-Staat. Auf den ersten Blick haben ein Leeraner Fachlehrer und ein Künstler aus Berlin mit dem Landrat und dem Bürgermeister in Leer keine Berührungspunkte. Ein näherer Blick erschließt die Verbindungslinien im Bereich der „Kultur", insbesondere in den Institutionen „Ostfriesische Landschaft" und „Heimatverein Leer".

Der Kreiskulturwart der Partei, Linnemann, wurde 1936 durch Drescher als technischer Lehrer angestellt[223] und noch in den letzten Kriegsmonaten am 9. November 1944 unter Berufung in das Beamtenverhältnis auf Lebenszeit zum Fachschuloberlehrer ernannt.[224] Linnemann war im Jargon der „Alten Kämpfer" der Partei ein „Maiglöckchen".[225]

Petrich, der wegen der Beschwerde von Heinrich Ukena auf Betreiben Dreschers mit Linnemann die „Kaiserfenster" begutachtet hatte, war wohl nicht Parteimitglied. Er schrieb 1964 in dem Aufsatz „Rückschau eines Künstlers": „... 1938 wurde ich zum Ehrenmitglied der Gesellschaft für Kunst und vaterländische Altertümer in Em-

223 Stadtarchiv Leer, Rep. Niederschrift über die Besprechung der Stadträte vom 8.12.1936

224 Stadtarchiv Leer, Rep. 1: 156. Ab 1934 war Linnemann Amtsleiter der Ortsgruppe der NS-HAGO (Nationalsozialistische Handwerks-, Handels- und Gewerbeorganisation). 1960 wurde er mit großer Dankadresse der Stadt Leer als Fachoberschullehrer in den Ruhestand verabschiedet.

225 So wurden von den alten Kämpfern der NSDAP die im Mai 1938 beigetretenen Mitglieder verächtlich bezeichnet. Wie die „Märzgefallenen" wurden sie als Opportunisten aufgrund der neuen Machtverhältnisse angesehen. Rademacher, Michael, Die Kreisleiter der NSDAP, S. 178

den ernannt.[226] 1943 erhielt ich in Aurich das Indigenat...(der Ostfriesischen Landschaft. Verf.)".[227] Unter dem Titel „Schiffsform und Rasse" behauptete Ernst Petrich 1938: „Man vergaß, dass die Schiffe in ihren ältesten Formen bei aller Zweckmäßigkeit hohe völkische Kunstwerte in Ausdruck rassischer Formgebung in sich tragen, ...". [228] Die Betonung des „Völkischen" und des „Rassischen" entsprach der nationalsozialistischen Ideologie des durch die Rassereinheit garantierten „gesunden Volkskörpers". Petrich schrieb 1950 eine Würdigung für den 1947 verstorbenen NS-Eugeniker Dr. Bernhard Bavink.[229] Der Fachlehrer und freischaffenden Künstler Ernst Petrich sah „schon immer seine Kunst als Dienst an der Volksgemeinschaft" an und unterzeichnete seine Schreiben an die Reichskulturkammer systemtreu mit „Heil Hitler".[230] Unbeeindruckt davon, dass blutige militärische Abwehrschlachten auf deutschen Boden tobten und Deutschland sich durch den Tod der Soldaten, der zivilen Bombenopfer, des Sterbens von Vertriebenen und Flüchtlingen und von Häftlingen auf den „Todesmärschen" in ein riesiges Leichenhaus verwandelt hatte [231], beantragte und erhielt der Maler am 19. Oktober 1944 den Reichsbezugsausweis für Bildende Künstler vom Landesleiter der Reichskammer für Bildende Künste in Berlin, allerdings „ohne Pinselpunkte".[232]

Seit 1937 verlieh die Ostfriesische Landschaft das von Petrich erwähnte Indigenat nicht mehr nur zur ideellen Förderung der Kunst, sondern auch als politisches Mittel.[233] In diesem Jahr war es dem Gauleiter Röver und im Jahr 1938 dem Gauinspekteur Drescher

226 *Ostfreesland, Kalender für Jedermann, Ausgabe 1964. Stadtarchiv Leer, Niederschrift über die Besprechung der Stadträte.Am 26.7.1938 wurde vom Stadtrat beschlossen, ein Triptychon Petrichs für 100 RM anzukaufen*

227 *Am 10. Mai 1943 in Aurich. Monate zuvor waren in Aurich durch Luftangriffe der Alliierten Todesopfer zu beklagen, bei dem letzten Angriff starben dreizehn Menschen (Ostfriesland, Mitteilungsblatt der Ostfriesischen Heimatvereine, Folge 10 Band V, S. 41 u. 42*

228 *Ostfreesland, Kalender für Jedermann, Ausgabe 1938*

229 *Ostfreesland, Kalender für Jedermann, 1950, S. 108f.*

230 *Landesarchiv Berlin, RK F123, Schreiben v. 20.1.1943*

231 *Kershaw, Ian, Das Ende, S. 16 f.*

232 *Landesarchiv Berlin, Schreiben v. 19.10.1944*

233 *v. Reeken, Dietmar, Heimatbewegung, Kulturpolitik u. Nationalsozialismus, S. 178*

verliehen worden. Der schrieb schon 1935 dem Präsidenten der Ostfriesischen Landschaft: „ ... muss ich nach reiflicher Überlegung darauf bestehen, dass als Ihr Stellvertreter ein Nationalsozialist bestimmt wird, andernfalls ist ein gedeihliches Zusammenarbeiten mit der Ostfriesischen Landschaft nicht denkbar.“ [234]

Conring wiederum war nach seinen Angaben in einem Brief vom 18. August 1942 an den Reichsinnenminister durch den Oldenburger Gauleiter Carl Röver im Mai 1942 (am 11.Mai)[235] als Leiter der Landschaft eingesetzt worden, um deren Verfassung an den Nationalsozialismus anzupassen.[236] Die Datierung durch Conring ist merkwürdig. Röver starb am 15. Mai 1942 offiziell an Schlaganfall und Lungenentzündung in der Charité in Berlin. Er litt zudem an progressiver Paralyse (vulgo: „Hirnerweichung“) als Spätfolge einer Syphilis-Erkrankung und war deshalb wegen seiner Wahnideen bereits am 12. Mai 1942 vor seiner Einweisung in die Charité von dem Oldenburgischen Ministerpräsidenten und dem Gaustabsamtsleiter Walkenhorst wegen seines gesundheitlichen Zustandes zwangsweise in einer einsamen Blockhütte in Ahlhorn isoliert worden, wo er seine Zimmereinrichtung zerstörte.[237] Anscheinend war er bei dem Besuch Conrings am 11. Mai 1942 noch handlungsfähig. In dem von Conring herausgegebenen Mitteilungsblatt „Ostfriesland“ (Ausgabe April 1943) schreibt Walkenhorst wahrheitswidrig über Rövers Todesumstände:“...am wohlsten fühlte er sich auf dem Lande, besonders in Ahlhorn. Dort suchte er Erholung und Entspannung und hier hat er auch seine letzten Tage verbracht.“ [238]

Die von Conring etablierte neue Verfassung der Landschaft enthieltnach Auffassung des Historikers Heinrich Schmidt an exponierter

234 Stadtarchiv Leer, Rep. 1, 3414

235 Suhr, Heiko, a.a.O. S. 139

236 BArch, NS 21/136. Schreiben Conring an den Reichsinnenminister v. 18.8.1942. Er führt darin aus: „ ...mit dem Ziel...ihre (Verf.: der Landschaft) veraltete Verfassung den nationalsozialistischen Grundsätzen anzupassen.“

237 Geheimschreiben Heydrich an Himmler vom 13.5.1942: Heiber, Helmut (Hg): Reichsführer! Briefe an und von Himmler, S. 119 f.; Rademacher, Michael: Die Kreisleiter der NSDAP, S. 158 f.

238 Ostfriesland, Mitteilungsblatt der Ostfriesischen Heimatvereine, Folge 9 Band V S. 18

Stelle Hinweise auf „rassisch motivierte nationalsozialistische Großraumpläne“ [239], die wohl auch das Nachbarland Niederlande betrafen. Conring richtete in der Landschaft eine Hauptarbeitsgruppe „Sippenforschung und Rassenpflege“ ein. Stellvertretender Leiter war Dr. med. Arend Lang. Lang war „Alter Kämpfer“ und u.a. zeitweise als SS-Hauptsturmführer (entsprach dem Rang Hauptmann) im Rasse- und Siedlungshauptamt der SS und später in der Schaltstelle der ausmerzenden Rassenhygiene im Reichsgau Wien tätig.[240] Lang wurde von dem späteren Leiter des Gesundheitsamtes Leer, Dr. Otto Buurmann, protegiert und wirkte selbst im Gesundheitsamt Aurich bei der Bearbeitung von Anträgen auf Zwangssterilisierungen mit.[241]

Auch Drescher wurde Leiter einer Hauptarbeitsgruppe (für Museen, Büchereien, Archive).[242]

Auf Conrings Initiative[243] trat die Landschaft im Jahr 1943 dem schon am 1. Juli 1935 von Himmler gegründeten SS-Verein „Ahnenerbe“ bei. Bevor Conring den Aufnahmeantrag stellte, sprachen er und Lang am Nachmittag des 5. Februar 1943 mit dem Hauptgeschäftsführer Wolfram Sievers in Den Haag über die Ostfriesische Landschaft.[244] Das Gespräch fand kurz nach einer Sondermeldung des Rundfunks am 3. Februar über die Kapitulation auf dem Schlachtfeld Stalingrad statt. Es waren nationale Gedenktage angeordnet worden. Viele „Volksgenossen“ und auch leitende Beamte sahen dies als „Anfang vom Ende“ an.[245] Sievers wurde in den Nürnberger Kriegsverbrecherprozessen zum Tode verurteilt und hingerichtet.

---

239 zitiert bei Suhr, Heiko a.a.O. S. 139

240 Steuer, Heiko, in: Lehmann, Oexle, Nationalsozialismus in der Kulturwissenschaft, S. 464 f. Klee, Ernst, Das Personenlexikon des Dritten Reiches, S. 355

241 Biographisches Lexikon der Ostfriesischen Landschaft, Aurich 2001, S. 253 f.

242 Ostfriesland, Mitteilungsblatt der Ostfriesischen Heimatvereine, Folge 10 Band 5 S. 22

243 BArch, NS 21/136 .Schreiben v. 7. Juni 1943 an das „Ahnenerbe“, daraufhin Aufnahmeerklärung durch den zuständigen SS-Standarten-Führer am 13.7.1943 als „teilnehmendes Mitglied“.

244 Rijksinstitut voor Oorlogsdocumentatie, De SS en Nederland, Deel II, S.943 f. Lt. Tagebuchnotizen Sievers, von 15.00 - 17-00 Uhr.

245 Nach den geheimen Lageberichten des SD löste die Kapitulation in der Bevölkerung eine tiefe Erschütterung aus. Viele „Volksgenossen“ sahen dies „Anfang vom Ende“ an. (Boberach, Meldungen aus dem Reich, S. 289 f.)

Conring wollte nach einem Schreiben im Juni 1943 einen Aufsatz von Professor Dr. Walther Wüst über „Die Arbeit des Ahnenerbes" in dem Ostfriesland-Heft der Landschaft abdrucken.[246] Wüst war als Rektor der Universität München im Februar 1943 an der Verhaftung der Geschwister Scholl („Weiße Rose") beteiligt. Die Geschwister Hans und Sophie Scholl wurden noch im gleichen Monat aufgrund eines Urteils des Volksgerichtshofes enthauptet.

Zur Zeit des Beitritts der Landschaft wurde der „SS-Verein" bereits als „Amt A" in der Dienststelle „Persönlicher Stab Reichsführer SS" geführt. Himmler, den Conring aus Besuchen in den besetzten Niederlanden und Ostfriesland kannte, hing obskuren Thesen über die Entstehung der Erde an („Welteislehre"). Er wollte damit die „geistige Weltherrschaft des arischen Germanentums" nachweisen. Als die Ostfriesische Landschaft Mitglied wurde, wurden bereits (ab 1942) unter dem Deckmantel der Rasseforschung und dem organisatorischen Dach des „Ahnenerbes" im KZ Dachau Menschenversuche durchgeführt und Juden durch Gas ermordet.[247] Die Schädel der Ermordeten wurden an die NS-Kampfuniversität Straßburg geschickt, wo Prof. August Hirt als Leiter des Institutes für wehrwissenschaftliche Zweckforschung des SS-Ahnenerbes seine berüchtigte nummerierte Schädel- und Skelettsammlung pflegte.[248]

Im Jahr 1943 berief Conring in seiner Eigenschaft als Vorstand des Heimatvereins Leer, nach dem auch für Vereine herrschenden „Führerprinzip", Linnemann und Petrich in den Mitarbeiterkreis.[249]

246 *BArch, a.a.O.*

247 *BArch, NS-21-53104*

248 *Lang, Hans-Joachim, Die Namen der Nummern. Vgl. auch den Artikel „Ahnenerbe" in Enzyklopädie des Holocaust, hrg. v. Eberhard Jäckel u.a., Berlin 1993, Bd. 1, S. 7 ff. Ernst Klee, Das Personenlexikon zum Dritten Reich, S. 259. Hirt starb durch Suizid am 2.6.1945.*

249 *Ostfriesland, Folge 12, Band V, Februar 1943*

Überwachung und Denunziation

Den Nationalsozialisten gelang es in kurzer Zeit mit den Behördenstrukturen aus der Weimarer Republik, ihrem eigenen Parteiapparat und vielen „Volksgenossen" ein engmaschiges Netz für die Überwachung und Verfolgung bis in ländliche Regionen aufzuspannen. Es gab viele Deutsche, die bei der Jagd nach Abweichlern kooperierten.

Im NS-Staat verschmolzen Staat und Partei. Göring ordnete als Reichs- und Preußischer Innenminister am 18. Juni 1935 wegen der Einheit zwischen Partei und Staat an, die politischen Leiter der NSDAP zu den Landratskonferenzen und Bürgermeisterbesprechungen hinzuzuziehen. Gauleiter Röver lud die Chefs der Regierungen in seinem Gau zu regelmäßigen Besprechungen mit dem „engeren Gaustab" ein.[250]

Aber nicht nur die Partei- und Staatsstellen waren aktiv, auch die Bevölkerung denunzierte und hielt sich dadurch selbst in Schach. Denunziationen gehörten zur gesellschaftlichen Normalität.

Die Partei installierte ein Block- und Zellensystem. Es war hierarchisch aufgebaut. Die unterste Stufe bildete der Haushalt, also die Familie. 40 - 60 Haushalte bildeten einen Block mit einem Blockleiter. Vier bis Acht Blocks waren eine Zelle mit einem Zellenleiter. Mehrere Zellen unterstanden der Ortsgruppe der Partei. Im Jahre 1938 bestanden z,B. im Landkreis Aurich mit rd. 51.000 Einwohnern 30 Ortsgruppen, 62 Zellen und 288 Blocks. Mit anderen Worten: "Wir sehen also, daß jeder Volksgenosse, gleich wo er wohnt, und wer er ist, von der Organisation der Partei erfasst und betreut wird", so die Feststellung der NSDAP-Kreisleitung in Aurich.[251]

Im Reichsgebiet waren über eine halbe Million Blockleiter eingesetzt. Dieser war der erste Ansprechpartner für Denunzian-

250 NLA AU Rep. 16/1, Nr. 191
251 Festbroschüre Kreistag des Kreises Aurich der NSDAP, a.a.O., S.19

ten. Nachbarn, Kollegen und Bekannte, ja selbst Verwandte sollten von jedem Bürger als potentielle Gefahr angesehen werden. Als unanständig galt den „Volksgenossen" nicht der Gestapo-Spitzel, sondern der „Volksverräter", der „Volksschädlinge" schützt. Die Massenbasis des NS-Regimes bildeten, in Anlehnung an den Schriftsteller Max Frisch[252] die „Biedermänner", so Michael Grüttner.[253] Die Biedermänner freuten sich über die Wiederherstellung von „Ruhe und Ordnung"...während sie die Zerstörung des Rechtsstaates nur beiläufig oder gar nicht registrierten.

In Leer gab es eine hohe Präsenz an Parteifunktionären, SS- und SA-Mitgliedern und parteiangehörigen Beamten. Während des Krieges erhöhte sich die Präsenz von Polizei und Wachmannschaften. Es wurden mindestens sieben Zwangsarbeiter- und Kriegsgefangenenlager betrieben. Weit über 1500 zivile Zwangsarbeiter und zusätzlich Kriegsgefangene waren eingesetzt. Im Frühjahr 1944 reiste ein Senat des Volksgerichtshofes von Berlin nach Leer. Er verhängte zahlreiche Todesurteile gegen belgische und französische Gefangene in den Emsland-Lagern. 1944 richtete man in der Osterstegschule eine Kaserne der SS ein.[254]

Auch ohne ständige Anwesenheit von Gestapobeamten war durch viele Parteimitglieder und Funktionsträger, ergänzt durch interessengeleitete Seilschaften und Abhängigkeiten, ein dichtes Netz gegen Abweichler gespannt, Leer war eine kleine überschaubare Stadt. „In einer Kleinstadt kennt jeder jeden. Das Wissen über Lebensart, Lebensumstände und Charakter des anderen geht bis ins einzelne." [255]

Der Schriftsteller Hans Fallada schildert in einem Roman die Verhältnisse der „normalen" Leute in der NS-Zeit: „Und wie viele Großstädter hatten sie erfahren müssen, dass gerade das Denunziantentum, das Aushorchen und Bespitzeln, in einer kleinen Stadt noch zehn-

252 *Frisch, Max, Biedermann und die Brandstifter, Ein Lehrstück ohne Lehre.*
253 *Grüttner, Michael, Brandstifter und Biedermänner, Deutschland 1933 - 1939, S. 14*
254 *Weßels, Paul, Stadt und Landkreis Leer*
255 *Saul,Carl Theodor, Liebe kleine Stadt, S. 47*

mal schlimmer war als in der Großstadt. In der Kleinstadt konnte man nie untertauchen in der Masse, jeder war klar übersichtlich, seine persönlichen Verhältnisse wurden rasch bekannt.[256] Fallada geht es in seinem Roman um die alltägliche Bestialität, das kleinliche Geschacher um ein Pöstchen, das sich durch etwas Denunziantentum beschaffen lässt.[257]

Die Leeraner Schriftstellerin Wilhelmine Siefkes erinnerte sich: „Das war das Deprimierende: Keiner fühlte sich mehr sicher. Schon ein unvorsichtiges Wort konnte für den, der es äußerte, zur Katastrophe werden.“ [258]

Polizei- und Parteistellen wurden meistens anonym aus privaten Interessen und niederen Beweggründen informiert.[259] Diese in der Bevölkerung verbreitete Mentalität setzte sich in Ostfriesland sogar nach der Kapitulation fort, wie ein kanadischer Autor feststellt. Empfänger der Meldungen war jetzt die kanadische Besatzungsarmee (CAOF).[260]

Menschen, die außerhalb eines solchen nationalsozialistischen Beziehungsgeflecht der „Mehrheitsbevölkerung“[261] und der herrschenden Schicht standen, wie Arme oder störende „Meckerer“ und „Querulanten“, hatten keine Chance, dem Regime zu entkommen. Wenn es überhaupt dazu kam, wurden zur Vertretung von Schutzhäftlingen nur linientreue Rechtsanwälte zugelassen, die das ausdrückliche Vertrauen der Gestapo hatten.[262]

---

256 Fallada, Hans, Jeder stirbt für sich allein, S. 375 f. Er schrieb den Roman wenige Monate nach Kriegsende.

257 so Adam Soboczinski in einer Besprechung in DIE ZEIT, 2011, Nr. 18 , S. 53

258 Siefkes, Wilhelmine, Erinnerungen, S. 105

259 Dams/Stolle: Die Gestapo, S. 84 f

260 „Germans informed on their neighbours to the Canadians in the fall of 1945. Robert Gellately's landmark study of German police records has shown that Germans were more than willing to inform on their neighbours for a variety of reasons, from ideological motives to personal gain. The Germans apparently continued this practice with the Canadians.“ Cheers and Tears: Relations Between Canadian Soldiers and German Civilians, 1944-46. By. Hugh Avi Gordon. B.A., Queen's University at Kingston, 2001. https://dspace.library.uvic.ca

261 Kershaw, Ian, a.a.O. S. 14. , Wirsching, Das Jahr 1933, S. 9 ff.

262 NL AU Rep. 107, Nr. 780, Schreiben des Reichsministers der Justiz v. 31.1.1938

„Die Begleiterscheinungen der „Guten Zeiten“ - die Verfolgung unerwünschter Minderheiten, vor allem der Juden, und die brutale Unterdrückung politischer Gegner, der systematische Terror für den Aufbau der „Volksgemeinschaft“ - wurden seinerzeit toleriert, wenn nicht sogar begrüßt, später dann als „Exzesse“ allein des Regimes hingestellt.“ [263]

Es waren nicht Nazidämonen, die die Strukturen des Regimes stützten, sondern Angehörige der bürgerlichen Mittelschicht, die ihre eigenen Interessen nicht bedroht sahen oder sogar von dem Regime profitierten.

Zusätzlich zu den Polizei- und Parteidienststellen agierte in Leer ein V-Mann- und Zuträger-Netzwerk des Sicherheitsdienstes der SS (SD). Der SD war eine Parteidienststelle, die ab September 1939 unter dem Dach des Reichssicherheitshauptamtes (RSHA) arbeitete. „Der Sicherheitsdienst des RFSS (SD) hat als Nachrichtenorganisation für Partei und Staat - insbesondere zur Unterstützung der Sicherheitspolizei - wichtige Aufgaben zu erfüllen Der SD wird daher im staatlichen Auftrage tätig“, so der Erlass des Reichsministers des Innern vom 11. November 1938 (RMBliV, S. 1906).[264] Eine Verschmelzung mit der staatlichen Sicherheitspolizei fand nicht statt. Die Gestapo arbeitete parallel.

Die SD-Kartei über die Erfassung von Personen (ab 1939) in der Stadt Leer[265] enthält die Namen von 177 Personen, darunter 156 jüdische Bürger und 21 Nichtjuden. In Loga wurden die jüdischen Familien Mindus, Menkel, Cohen und Benjamin, die als Viehhändler tätig waren, überwacht. Die in der Kartei erfassten nichtjüdischen Personen in Leer sind auf den Karteikarten teilweise als ehemalige Kommunisten und SPD-Mitglieder gekennzeichnet. Karteikarten waren zum Beispiel angelegt für den „Gastwirt Johann Schütte“,

---

263 Kershaw, Ian, a.a.O. S. 518

264 Buchheim, Hans in: Anatomie des SS-Staates, Band 1, S. 64 f.

265 Bei Recherchen des Verfassers im Bundesarchiv fand sich eine Kartei des SD mit den Namen überwachter Personen in Leer und Loga. Bundesarchiv R58/1509 und 1513

das „Servierfräulein Theda Borchers", „Hermann Tempel" [266], „Gerit Epkes, Stadtbaumeister i. R.", „Siegfried Siefkes senior", den „Oberpostschaffner Bernhard Funke" und sogar für einen Parteifunktionär, der „NS-Hago (Handelsorganisation)- Kreisleiter Erich Sperber".[267] Siegfried Siefkes (geb. 1.11.1879), Bruder der Schriftstellerin Wilhelmine Siefkes, war Mitgründer des Vereins für Heimatgeschichte und Heimatschutz und 1939 Schriftleiter des Vereinsblattes. Er wurde aufgrund einer Denunziation (er hatte Bemerkungen zu Hitler als „Butenlanner" geäußert) im Jahr 1933 fristlos aus dem Postdienst entlassen.[268]

Die SD-Karteikarten im Bundesarchiv enthalten die Namen und Berufe der überwachten Personen. Informationen über die Organisationsstruktur und die Namen der SD-Verantwortlichen und Informanten fehlen.

Regionale Informationen über Personal und Organisation des SD sind in Vernehmungsprotokollen der britischen Truppen ab April 1945 vorhanden.[269] Die Stadt Bremen wurde am 27. April 1945 von den Briten eingenommen. Während des Vormarsches kam es ab Anfang April in der Nähe Bremens zu Verhaftungen von SD-Angehörigen des SD-Abschnittes Bremen und des SD-Leitabschnittes Hamburg. Nach den Aussagen dieser SD-Angehörigen im „Bremen Interrogation Center" der Briten, waren dem SD-Abschnitt Bremen in der Graf-Moltke-Strasse 6 die Hauptaussenstellen Osnabrück und Wilhelmshaven unterstellt. Dies entsprach dem hierarchischen Aufbau der Gestapo-Stellen. Unterhalb dieser Ebene waren zwanzig Aussenstellen in den Städten wie z.B. Emden, Wittmund, Jever und auch in Leer eingerichtet. *(Abb. 6)* In einer schriftlichen Aussage eines Verhafteten heißt es: "Die Aussenstellen als nachgeordnete

---

266 Tempel, Reichstagsabgeordneter der SPD, starb am 27.1.1944 als verfolgter schwer kranker Mann in Oldenburg.

267 Bundesarchiv R58/1509und 1513

268 Siefkes, Wilhelmine, Erinnerungen, S. 105 f. Der Vorfall wurde auch im Leerer Anzeigeblatt v. 1.4.1933

geschildert. (Dokumentation Leer 1933 - 1945, S. 74

269 TNA (The National Archives Kew), KV 3/106 (die Protokolle in englischer Sprache liegen dem Verfasser vor; eigene Übersetzung)

Dienststellen des Abschnittes arbeiteten mit Vertrauensmännern (VM) von denen sie ihre Nachrichten bezogen, bzw. die sie aufgrund von Anfragen ansprachen.“ Das entspricht einer Anweisung des SD-Oberabschnitt Nord-West im Frühjahr 1937: „Jeder Aussenstellenleiter muß auf alle Fälle versuchen, in jedem Ort seines Kreises ein oder mehrere V-Männer einzubauen, jeder V-Mann hat wiederum ein Zuträgernetz. Die Zuträger dürfen niemals erfahren, dass sie für den Sicherheitsdienst arbeiten...Auch wäre es angebracht, wenn die V-Männer mit Meldeblocks ausgerüstet werden und Meldungen mit Kopierstift im Telegrammstil aufzeichnen...“ [270]

Dass auch in Leer ein solches V-Mann-Netz wirkte, kann nicht nur aus den angelegten Karteikarten, sondern auch aus folgendem Vorgang geschlossen werden. Die Chronik des Katholischen Pfarramtes St. Michael in Leer für 1939 schildert das Spitzelwesen aus Anlass einer Hausdurchsuchung im Pfarrhaus: “Über die kleinsten Veranstaltungen waren die Herren orientiert. = Zeichen eines gut durchgeführten Spitzelsystems. Spitzel finden sich oft in der Predigt ein zwecks Kontrolle, ob nicht etwa eine ungünstige Äusserung gegen den Staat fallen könnte...“ [271] Für Aurich liegt exemplarisch ein Bericht von Polizei-Wachtmeister Poppen vom 28. August 1938 (an den Bürgermeister der Stadt Aurich) vor: “Der Gottesdienst der kath. Kirche in Aurich am 28.8.1938 wurde von mir überwacht...Die Überwachung der kath. Kirche wurde im Beisein eines Beamten des S.D. Dienstes vorgenommen“ [272] Der Bericht wurde über den Landrat an die Gestapo Wilhelmshaven weitergeleitet, die die Überwachung zusammen mit dem SD angeordnet hatte.

Die Aussenstellenleiter waren nicht immer hauptamtliche SD-Angehörige, sondern häufig auch ehrenamtliche Mitarbeiter. Sie arbeiteten in direktem Kontakt mit den Gestapo-Dienststellen. So waren in Oldenburg die Gestapo-Dienststelle wie auch die SD-Aussenstelle im selben Gebäude (Carl-Röver-Str. 43) untergebracht. In Emden, in

---

270 Höhne, Heinz: Der Orden unter dem Totenkopf, S. 200 f.
271 zitiert in „Leer 1933 - 1945“, S. 383
272 NL AU Dep. 34 B, Nr. 308

der Neutorstrasse 4-5 [273], hatte die SD einen ehrenamtlichen Leiter, SS-Untersturmführer Jaeger. Geschäftsführer war SS-Oberscharführer Borcherding. Jaeger war hauptberuflich Beamter der Kriminalpolizei. Während für einige Städte die von den Briten verhafteten SD-Angehörige die Namen der hauptamtlichen Mitarbeiter und der Zubringer (Vertrauensmänner, VM) preisgaben (z.B. für Emden fünf und für Aurich zwei Personen), so liegen für Leer keine Informationen aus britischen Quellen vor. Es ist anzunehmen, dass, wie in den britischen Unterlagen angedeutet, auf der ostfriesischen Halbinsel kanadische Truppen Verdächtigte verhafteten und verhörten. Die Kanadier eroberten die ostfriesische Halbinsel von den Niederlanden her und errichteten eine Besatzungsverwaltung (Canadian Army Occupation Force (CAOF)) für den Regierungsbezirk Aurich und Teile des Landes Oldenburg mit Hauptquartier in Bad Zwischenahn.[274] Allerdings sind ähnliche Verhörprotokolle wie bei den Briten aus kanadischen Quellen nicht auffindbar. Die Zahl der oben erwähnten SD - Karteikarten für Personen in Leer und Loga lässt vermuten, dass die Aussenstelle eine beachtliche Zahl von V-Männern und Zuträgern gehabt haben muss. Dabei ist zu berücksichtigen, dass der Hauptanteil der Arbeit ehrenamtlich geleistet wurde. In einem CIA-Dokument über ein Verhör vom 10. Juli 1945 wurde ein Student der Seefahrtsschule Leer als „agent working for the Vi.Netz" bezeichnet. Ein Seefahrtsschullehrer wurde als Informant mit dem Alias-Namen „Steuermann" enttarnt.[275]

Berücksichtigt man das Ergebnis einer Untersuchung über die Anzahl der SD-Mitarbeiter in Sachsen für eine Schätzung, sind etwa fünfzig V-Leute im Landkreis Leer (etwa 100.000 Einwohner 1939) aktiv gewesen.[276] Für diese Zahl sprechen auch die Erkenntnisse aus den britischen Akten für die Stadt Osnabrück (Einwohnerzahl 1939 ca. 100.000). Dort wurden mindestens 50 namentlich bekannte

---

273 NLA AU, Rep. 16/1, Nr. 945

274 C.P. Stacey, The Victory Campaign, Ottawa (THE QUEENS PRINTER AND CONTROLLER OF STATIONARY) 1960, S. 621 f.

275 NARA, Record Group 263, Identifier 26220122

276 Schreiber, Carsten, Elite im Verborgenen, S. 77 f.. Für Sachsen errechnete Schreiber ein theoretisches Verhältnis von rd. 1 : 1.800 von SD-Angehörigen zur Bevölkerung (S.313 f).

Zuträger (Informanten und V-Leute) identifiziert. 22 Prozent dieser „Spitzel“ trugen einen Doktortitel. Als Berufe wurden angegeben: Schulleiter, Justizoberinspektoren, Amtsgerichtsräte, Lehrer an Oberschulen und Gymnasien, Oberregierungsräte- und Regierungsräte, Ingenieure und Opernsänger.

Der SD versuchte für sein Netzwerk soziale Eliten zu assimilieren, so der Historiker Dr. Sebastian Weitkamp.[277] Die Berufe der Zuträger in Bremen waren den britischen Quellen zufolge Rechtsanwalt, Elektrotechniker, Kaufmann, Studienrat, Schlachter, Schriftleiter, Angestellter, Schulvorsteher, Dreher, Finanzbeamter, Oberpostrat, Direktor. In der Stadt Oldenburg waren es: Handelsvertreter, Fahrbereitschaftsleiter, Dentist, Bankangestellter, Stadtinspektor, Reporter der „Delmenhorster Zeitung“, Grundschullehrer, Landwirt, Ladeninhaber, Medizinalbeamter, Kohlenhändler und Kinomanager.[278]

Eine typische Mitarbeiterkarriere im SD lässt sich anhand des Verhörprotokolls der Johanne F. aus Varel rekonstruieren. Johanne F. wurde am 8. Juni 1945 von britischen Soldaten festgenommen und am 13. Juni 1945 im „Bremen Interrogation Center“ von Major W. Minor verhört. Nach ihrer Aussage war Frau F. von 1935 bis 1940 Kreisfrauenwartin, 1937 trat sie in die NSDAP ein, 1941 wurde sie Ortsjugendgruppenführerin in der NS-Frauenschaft. Sie arbeitete ab 1940 als Angestellte in den Arbeitsämtern Brake und Nordenham. Im Jahre 1943 wurde sie von Oberinspektor Friedrich S. für den SD angeworben. Seit 1944 übermittelte sie monatlich Berichte zu den folgenden Themen: Politische Meinung von deutschen Frauen, insbesondere der Arbeiterinnen, Reaktionen von Frauen auf politische Reden und Kriegsereignisse (schwere Kämpfe), allgemeine Informationen in Bezug auf die NSDAP und ihre Führer, Berichte über Hotels und ihre Gäste, Beziehungen zwischen deutschen und ausländischen Arbeitskräften. Sie berichtete alles, was ihr erzählt wurde, sogar von persönlich bekannten Menschen. Nach der Vernehmung kam sie in den obligatorischen Arrest der britischen Besatzungsmacht.[279]

277 in Heese, Thorsten (Hg.), Topografie des Terrors, S. 118
278 TNA, a.a.O.
279 TNA, a.a.O.

Diesen Erkenntnissen zufolge war der SD ein tief in der Gesellschaft verankerter Spitzeldienst und auch in der Stadt und im Landkreis Leer aktiv.

Parallel zum SD überwachte die Gestapo die „Volksgenossen".

Die Gestapo war zwar nicht überall, aber „Die Gestapo war nicht allein", so der Titel einer Untersuchung des Staatsterrors im Deutsch-Niederländischen Grenzgebiet von Herbert Wagner. Sie basiert auf der Auswertung der erhaltenen Osnabrücker Gestapo-Kartei.

Weniger als zehn Prozent der Fälle, mit denen sich die Gestapo befasste, gingen auf ihre eigenen Ermittlungen zurück.[280] Ein Beispiel dafür aus Leer: In der Tagesmeldung Nr. 1/Januar 1942 teilte die Gestapo-Stelle Wilhelmshaven unter dem Titel „Katholische Bewegung" mit:"Der kath. Pfarrer Heinrich Schniers...wurde am 18.12.1941 vorläufig festgenommen, weil er gelegentlich eines Hausbesuchs bei einer Familie in Leer versucht hat, diese in defaitistischen Sinne zu beeinflussen".[281] Ein adventlicher Besuch bei einer ihm bekannten Familie und eine daraus folgende private Denunziation wurde dem Pfarrer zum Verhängnis. Schniers wurde verhaftet und starb am 30. August 1942 im KZ Dachau.

In Archivakten des Landkreises Leer sind weitere Vorgänge privater und amtlicher Denunziation ab Frühjahr 1933 dokumentiert. Sie verdeutlichen, wie Beamte in kommunalen Ämtern und die Parteiorganisation schon kurz nach der Machtübernahme durch die NSDAP miteinander kooperierten.[282]

Die Landjäger in den Dörfern waren als unterste Polizeiinstanz dem Landrat unterstellt. Der Oberlandjäger H. in Remels berichtete daher dem Landrat am 20. August 1933:„Vertraulich wurde mir mitgeteilt, dass der nebengenannte Eden den Herrn Reichskanzler beleidigt habe...Der Unterzeichnete (H., Verf.) hat festgestellt, dass Eden ein eingefleischter SPD-Anhänger ist, der sich nicht freiwillig in die jet

280 Evans, Richard J., Das Dritte Reich, Diktatur, S. 121
281 NLA AU, Rep. 16/1, Nr. 955
282 NLA AU, Rep. 32/2038

zigen Verhältnisse einfügen will... Damit solche Sachen unterbleiben, bitte ich, den Eden in ein Konzentrationslager unterbringen zu wollen".

Die Anzeige wurde vom Landkreis Leer an die Staatsanwaltschaft Aurich übersandt. Vom Amtsgericht wurde der Beschuldigte freigesprochen, weil die Angelegenheit „aufgebauscht und breitgetreten" worden sei.

Am 16. September berichtete derselbe Oberlandjäger über eine Denunziation durch einen Landwirtsgehilfen. Danach habe der 29-jährige Arbeiter Diedrich de Buhr auf der Landstraße zwischen Bühren und Großsander gerufen: „Heil! Rotfront!" Er fügte hinzu:"Es ist der Wunsch des Sturmführers D. sowie meiner, dass de Buhr in ein Konzentrationslager untergebracht wird, damit endlich die kommunistischen Auswüchse verschwinden".

In diesem Fall schickte Landrat Conring persönlich den Vorgang der Staatsanwaltschaft in Aurich. Über den Ausgang des Verfahrens findet sich nichts in den Archivakten des Landkreises Leer.

Am 13. Juni 1938 verhaftete dieser Landjäger den Fischhändler Hinrich Fecht aus Klein-Remels, der im Zuge der Aktion „Arbeitsscheu" in das KZ Buchenwald eingeliefert wurde.[283]

Der Oberlandjäger aus Collinghorst teilte dem Landrat am 1. Juni 1933 mit: „Vertraulich wurde mir von Stahlhelmseite angezeigt, dass am Sonntag, den 21.5.1933, ein Mann, der beim Ledabrückenbau beschäftigt sein soll, in der Wirtschaft Strenge in Folmhusen schwere beleidigende Äusserungen über den Reichskanzler und die Reichsregierung gemacht hätte". Auch dieses meldete die Kreisverwaltung der Staatsanwaltschaft. Der Ausgang auch dieses Verfahrens ist nicht bekannt. Fünf Jahre später, am 15. Juni 1938 verhaftete derselbe Landjäger, Wachtmeister T. aus Collinghorst, den Arbeiter Gerhard Grass auf seiner Arbeitsstelle bei dem Landwirt Goudschal (Schmerigehörn) im Zuge der Aktion „Arbeitsscheu". Auch Grass wurde im KZ Buchenwald inhaftiert.[284]

283 *Weitere Ausführungen in einem späteren Kapitel.*
284 *Weitere Ausführungen in einem späteren Kapitel.*

Ein weiterer Fall einer amtlichen Denunziation ereignete sich in einem Dorf an der Ems. Am 20. Juli 1933 teilte der Ortsvorsteher der Gemeinde Dorenburg, der zugleich Sielrichter war, dem Landrat Conring mit, dass zum Abschluss einer Sielachtsversammlung nur ein Landwirt es nicht für nötig gehalten habe, durch Erheben des rechten Armes in den Sieg - Heil - Ruf einzustimmen. „Ich verlange hiermit die nachdrückliche Bestrafung des Genannten", so der Sielrichter am Ende seines Schreibens. Landrat Conring kümmerte sich persönlich um den Fall. Er sandte den Vorgang an den Oberstaatsanwalt in Aurich, „mit dem Ersuchen um eine gfl. (d.h. „gefällige". Verf.) weitere strafrechtliche Verfolgung". Der Ausgang des Verfahrens ist nicht bekannt.

Der „Landjägereiposten" Bingum meldete am 5. Juli 1933 eine verächtliche Äußerung gegenüber dem Reichskanzler in der Gastwirtschaft Diedrich van Mark in Ihrhove. Auch diese Meldung wurde vom Landrat an die Staatsanwaltschaft weiter geleitet.

Am 25. Januar 1934 wurde der „Landgebräucher" Jan G. Olthoff aus Heisfelde als Miesmacher und Unruhestifter denunziert. Anlass war ein Streitgespräch in der Gaststätte Schütte in Heisfelde. Landrat Conring schaltete den Sonderbeauftragten der NSDAP ein und forderte eine scharfe Verwarnung. Der antwortete Conring: „Ich habe den Olthoff letztmalig eine Verwarnung erteilt und ihm mitgeteilt, dass ich bei Fortsetzen seiner Quertreibereien seine Überführung in ein Konzentrationslager als Schädling beim Aufbau des neuen Staates beantragen müsse".

Am 18. Mai 1933 erstattete das Landjägereiamt Neermoor Anzeige gegen den Dienstknecht Frerich Bolinius aus Veenhusen. Als Grund wird die Beschimpfung der Hakenkreuzfahne angegeben. Die Anzeige ging am 5. Juli 1933 im Landratsamt ein und wurde prompt am nächsten Tag an die Staatsanwaltschaft Aurich weitergeleitet. Auf Anfrage teilte der Oberstaatsanwalt mit, dass am 25. August 1933 der Gerichtstermin anstehe. Nach einer Zeitungsnotiz wurde der Beschuldigte zu einer Gefängnisstrafe von einem Monat und zwei Wochen auf Bewährung verurteilt.

Die geschilderten Fälle sind lediglich die in den Jahren 1933 - 1934 in nur einer Akte des Landkreises Leer dokumentierten Denunziationen. Unbekannt ist die Zahl der Fälle, die direkt der Gestapo, den Parteidienststellen, Blockleitern oder der Staatsanwaltschaft gemeldet wurden.

Das Landratsamt reagierte nicht nur, sondern wurde auch selbst aktiv. Mit Schreiben vom 15. August 1934 wurde Gendarmerie-Wachtmeister Lochte in Jemgum vom Landrat mit Ermittlungen beauftragt: "Es ist hier zur Sprache gebracht, dass der Gärtner Peter Visser in Jemgum über den Reichsjugendführer Baldur von Schirach Gerüchte...verbreitet haben soll. Ich ersuche, Visser sofort zu vernehmen und etwaige Zeugen...abzuhören".[285] Der weitere Fortgang des Verfahrens ist nicht dokumentiert.

In seinem Februar-Lagebericht 1934 für die Gestapo in Wilhelmshaven denunzierte Conring protestantische Geistliche als „Gegner des Staates und der Bewegung": „Die reaktionäre Bewegung tritt im hiesigen Kreise verschiedentlich in Erscheinung...1) Ein besonderer Fall hat sich in Grosswolde zugetragen. Der dort amtierende Pastor Brunzema glaubt, die Sammlungen für das Winterhilfswerk nicht unterstützen zu können, soweit sie an Sonntagen erfolgen. 2) Der Pastor Züchner in Ihrhove soll den Deutschen Abend der dortigen Hitlerjugend am 17.d.Mts. als Lustbarkeit hingestellt und die Konfirmanden von der Teilnahme an diesem Abend abgeraten haben...".[286]

In einem weiteren Vorgang beantragte Conring am 4. Oktober 1934 bei dem Regierungspräsidenten in Aurich, den Landmaschinenhändler T. Rulffes aus Loga in „Schutzhaft" zu nehmen. Die Begründung: „Seit einiger Zeit sieht sich der Maschinenhändler Theodor Rulffes...veranlasst, die Massnahmen der Reichsregierung auf dem Gebiete der Milchversorgung öffentlich und böswillig zu kritisieren...Ich habe gegen Rulffes Strafantrag wegen Verstosses gegen die Verordnung des Reichspräsidenten zum Schutz von Volk und

285 NLA AU, Rep. 32, Nr. 2038
286 NLA AU Rep. 16/1, Nr. 979

Staat vom 28.2.1933[287] gestellt mit dem Ziel, über diesen Antrag im Wege des Schnellverfahrens vor dem Sondergericht Entscheidung zu treffen...Es ist (vielmehr. Verf.) notwendig, ihn (Rulffes. Verf.) bis zur Aburteilung durch das Sondergericht in Schutzhaft zu nehmen. Einen entsprechenden Antrag habe ich an die Staatspolizeistelle in Wilhelmshaven eingereicht. Die Staatspolizeistelle hat mich bereits telefonisch ermächtigt, diese Inschutzhaftnahme von hier aus auszusprechen". Hintergrund dieser Aktion Conrings war wohl, dass die einst sehr nazibegeisterte Mittel- und Großlandwirtschaft in Ostfriesland die Nazis inzwischen fast einstimmig ablehnte und sich zur alten konservativen Tradition bekannte.[288]

Das Geheime Staatspolizeiamt Berlin beendete die Aktion Conrings mit der Weisung vom 24. Oktober 1934 an die Stapo Wilhelmshaven, Rulffes aus der Schutzhaft zu entlassen.[289]

Auch in einer anderen Strafsache war Conring als Behördenleiter aktiv. So schrieb der Leiter der Geheimen Staatspolizei (Staatspolizeistelle Wilhelmshaven) Müller dem Regierungspräsidenten in Aurich unter dem Datum 3. Februar 1937 in einem anderen Fall: „Landrat Conring hatte keinen Auftrag, wegen der Anzeige Schutzhaft zu verhängen. Es wäre auch das erste Mal gewesen, dass überhaupt ein Landrat mit der Durchführung einer Schutzhaftmassnahme beauftragt worden wäre...Ich habe bereits früher Veranlassung gehabt, das Verhalten des Landrats Conring in dieser Beziehung zu beanstanden".

In einem weiteren Fall ist amtlich dokumentiert, dass die örtliche SA und die NSDAP mit dem Landrat direkt zusammenarbeiteten. Mit Schreiben vom 1. Mai 1938 informierte der Gendarmerie-Meister Buller des Gendarmerie-Amtsbereiches Bunde den Landrat in Leer darüber, dass die Bunder SA nach dem Festumzug zum 1. Mai den Maurer Albertus Koop, geb. am 15.11.1891 (Buller machte fehlerhaf-

287 *Sie wurde einen Tag nach dem Reichstagsbrand „zur Abwehr staatsgefährdender kommunistischer Gewaltakte" erlassen (RGBl. I S. 83)*

288 *Wegen des Erbhofgesetzes und der Milch- und Eierzwangswirtschaft, so im Juni/Juli 1934 in Deutschland-Berichte (SOPADE) 1. 1934, S. 232*

289 *NLA AU Rep. 16/1, Nr. 997*

te Angaben: Es handelte sich um Lambertus Koop, geb. 15.11.1890), aus seiner Wohnung holten. Ein Sohn Koops schilderte die Verhaftungsaktion am 1. Mai 1938 in einem Bericht.[290] Zunächst wurde ein Bunder Bürger aktiv und wollte Koop offensichtlich im Wege der Selbstjustiz festnehmen. Der war Wachmann und wurde später auch bei der Bewachung von Kriegsgefangenen eingesetzt. Als „Kettenhund", wie diese Männer im Volksmund hießen.[291] Als Koop sich dagegen wehrte, erschien der Gendarmerie-Meister Buller. Der begründete die Festnahme in einem Bericht für den Landrat:"Koop ist ein alter KPD-Mann, welcher seine Gesinnung bis heute scheinbar noch nicht geändert hat. Fast alljährlich zum 1. Mai steckt Koop sich eine rote Blume ins Knopfloch...Auch heute...kam Koop mit einer roten Blume im Knopfloch vorbei. Koop unterliess es im Vorübergehen, trotz Aufforderung durch den Sturmführer Winzenborg (Bürgermeister), die Parteifahne zu grüssen....Um weitere Ausschreitungen zu verhindern, habe ich Koop zu seinem eigenen Schutz festgenommen...um ihn am 2.5.38 dem Herrn Landrat vorzuführen (sic!)...Eine öffentliche kommunistische Betätigung ist ihm nicht nachzuweisen, doch nimmt im allgemeinen die gutgesinnte Bevölkerung an seinem Verhalten erheblichen Anstoss. Koop hält sich allen Parteiveranstaltungen fern und geht an allen Geschehnissen der heutigen Zeit achtlos vorüber. Den Deutschen Gruss hat er bis heute noch nicht zu Anwendung gebracht. Koop hat bis heute noch nichts gelernt und wird auch nichts lernen."

Der Bericht des Gendarmen dokumentiert die Einheit von Partei und Staat auf der Kreisebene. Der Landrat des Landkreises Leer (Unterschrift in Vertretung durch einen Regierungsassessor) reagierte mit Schreiben vom 3. Mai 1938 an den Regierungspräsidenten und einer Meldung der Festnahme an die Staatspolizeistelle in Wilhelmshaven. Es heisst dort: „K. wird bis zur weiteren Entscheidung der Staatspolizeistelle im hiesigen Gerichtsgefängnis festgehalten".

---

290 veröffentlicht in Wiemann, Harm: Aus vergangenen Tagen - Chronik der Samtgemeinde Bunde -, Bunde 1983, S. 218

291 Adams, Hermann: Kriegsgefangenenlager während des II. Weltkriegs im Overledinger Land -Ergänzungen und Informationen zur Schrift vom Herbst 2011, S. 18, Eigenverlag, Westoverledingen 2012

Am 12. Juli 1938 bestätigte der Landrat dem Regierungspräsidenten auf Anfrage, dass die Haftsache Koop der Geheimen Staatspolizei in Wilhelmshaven übergeben wurde und Koop in das Konzentrationslager Sachsenhausen eingeliefert wurde. Auf Anfrage des Regierungspräsidenten an die Geheime Staatspolizei Wilhelmshaven antwortet diese mit Schreiben vom 10. August 1938:“Koop wurde am 1. Mai 1938 in Schutzhaft genommen und am 28.6.1938 in das Konzentrationslager Sachsenhausen überführt...Das Geheime Staatspolizeiamt in Berlin ordnete seine Inschutzhaftnahme und Überführung in das Konzentrationslager Sachsenhausen an“. Als Begründung dafür wurde im Wesentlichen der Inhalt des Schreiben des Gendarmerie-Meisters vom 1. Mai 1938 an den Landrat übernommen.[292] Eine Angelegenheit der SA und der NSDAP-Ortsgruppe des Fleckens Bunde wurde durch die Mitwirkung der Kreisverwaltung zur Staatsaktion. Der Landkreis Leer praktizierte mustergültig die Zusammenarbeit mit der NSDAP und der Gestapo. Lambertus Koop war lange in Haft. Er wurde am 7. September 1940 entlassen.

Conring bewertete auch die Tageszeitungen, mit Ausnahme der „Ostfriesischen Tageszeitung“, der „Kampfzeitung“ der NSDAP, aus dem Blickwinkel der „Bewegung“. In seinem persönlichen Bericht vom 26. März 1934 an militärische Dienststellen und den Regierungspräsidenten teilt er mit:

„Allgemeiner Anzeiger für Ostfriesland: „National - bürgerlich“,

- Leerer Anzeigeblatt: „schwankend, je nachdem“,

- General-Anzeiger: „Ohne feste Haltung“,

- Ostfriesische Rundschau und Rheiderland-Zeitung: „Ohne feste Haltung, bürgerlich, farblos“.[293]

292 *NLA AU, Rep. 16/1, Nr. 997*

293 *NLA AU Rep. 32, Nr. 2045*

Die Kommunen und die „Säuberung des Volkskörpers“

Hitler hatte bereits im Jahre 1926 die Menschheitsgeschichte als einen Konflikt zwischen Rassen gedeutet, der auf eine Endlösung ziele.[294] Dieser Kampf der Rassen führe zum Sieg des „besten Menschentums“, das dann die Weltherrschaft ausüben werde. Die „Rassereinheit“ wurde vom NS-Staat sowohl durch aktive Vernichtung von Randgruppen in Lagern als auch durch biologische, eugenische, Massnahmen angestrebt.

Der Historiker Ian Kershaw ist der Auffassung, dass Antisemitismus und Eugenik und davon abgeleitet „Sozialdarwinismus“ ohne den Ersten Weltkrieg niemals die Bedeutung erlangt hätte, die zu den Verfolgungs - und Vernichtungstaten des NS-Staates führten.[295]

In Leer brachten die neuen Machthaber am 30. Januar 1936, dem 3. Jahrestag des Führerstaates, eine mit dem Hakenkreuz versehene Mosaiktafel des Winterhilfswerkes an einer Wand im Eingangsflur des Rathauses an. In Anwesenheit der Vertreter der NSDAP, der Behörden und der Stadtverwaltung führte NSDAP-Kreisamtsleiter Müller aus: „Als diese Tafel in die Mauer eingefügt wurde, da fiel auch mancher Abfall auf die Erde...So gibt es auch Menschen, die dem Neuen nur im Wege und für das Wohlergehen des ganzen Volkes nur hinderlich sind und zum Abfall werden.“ (Abb. 7) „Menschen, die zum Abfall werden“ - die Leeraner Version einer Parole der NS-Rassenideologie, öffentlich im Rathaus ausgesprochen und in der Zeitung publiziert. Eine von jedem zu verstehende Wiedergabe der Ideologie der „Säuberung des Volkskörpers“, die sich auf viele Bevölkerungsgruppen anwenden ließ. Nicht nur die Juden, sondern auch andere Gruppen wurden durch gemeinsame „Feinddefinitionen“ von Polizeibehörden, Justiz, Arbeits- und Fürsorgeäm-

294 Im Zweiten Band von „Mein Kampf“
295 „Höllensturz“, S. 39 f.

tern und der NSDAP ausgegrenzt, so der Historiker Armin Nolzen.[296]

„Ziel war (vielmehr) die endgültige Beseitigung abweichenden Verhaltens. „Asozialität" galt als vererbbar und manifestiere sich, so die Vorstellung der Nationalsozialisten, ausschließlich in fest umrissenen „Erbkreisen" sogar „asozialer Sippen", die sich „aufspüren" und „ausmerzen" ließen. Dies hatte es gegenüber sozialen Außenseitern in dieser Brutalität zuvor noch nie gegeben.[297]

Die nunmehr auch rassisch begründete Verfolgung sog. Asozialer fußte u.a. auf der Arbeit der „Rassenhygienischen und Bevölkerungsbiologische Forschungsstelle des Reichsgesundheitsamtes". Deren Leiter, Psychiater Dr. Robert Ritter, vertrat die Ansicht, dass „Asoziale" und „Verbrecher" eine biologische Einheit darstellten, genannt das „Gaunertum".[298] Auch andere akademische Erbbiologen vertraten die Ansicht, dass dieser Personenkreis eine „echte völkische Unterschicht" darstellte, die von der „Unterwelt der Gene" geprägt sei.[299]

Innenminister Frick stellte in einer Rede am 28. Juni 1933 fest: "Es gibt Autoren, die bereits 20 % der deutschen Bevölkerung als erbbiologisch geschädigt ansehen, von denen also Nachwuchs nicht mehr erwünscht sei".[300] Am 15. August 1933 schrieb er: "Wesentlich aber für alle Zukunft entscheidend bleibt aber die Forderung, dass die Fortpflanzung der Asozialen wenigstens insoweit verhindert wird, als sie aus erblich belasteter Umgebung kommen".[301] Der Reichsführer-SS Himmler kündigte in der Sitzung des Kleinen Ministerrates am 11. Februar 1937 an, mindestens eine halbe Million „überflüssiger Existenzen" in den Konzentrationslagern zu isolieren.[302] 1938 stellte

296 Nolzen, Armin, in: Bajohr/ Wildt (Hg) Volksgemeinschaft, S. 69 f.

297 Wolfgang Ayaß, Die mit dem schwarzen Winkel in Der Freitag, 15.2.2008

298 Schmidt-Degenhard, Dissertation, Tübingen 2008: Nach dem Krieg war Ritter Obermedizinalrat der Stadt Frankfurt/Main. 1935 erschien ein Aufsatz Ritters: Rothaarigkeit als rassenhygienisches Problem.

299 Meyer, Gedenkstättenrundbrief 99, S. 13ff.

300 BArch R 43 II/720a

301 Ayaß, Wolfgang, (Bearb.), Materialien aus dem Bundesarchiv, Heft 5, S.94, Schreiben an die Landesregierungen II B 5450/12.7.

302 Zitiert bei Morsch, Günter in „Die nationalsozialistischen Konzentrationslager", S. 122

Alfred Rosenberg, der Chefideologe der NSDAP, in einer Rede auf dem Parteitag der Partei fest:"...barbarisch sei...die weltanschauliche Züchtung und Erhaltung von Geisteskranken, Idioten, Judenbastarden oder Mulatten".[303]

Der Sachverständigenrat für Bevölkerungs- und Rassenpolitik beim Minister des Innern diskutierte 1934 ernsthaft, „nur noch eine Minderheit der Volksgenossen sei so beschaffen, dass ihre unbeschränkte Fortpflanzung wertvoll für die Rasse ist".[304] Schon 1929 erklärte Hitler öffentlich (auf dem Reichsparteitag), wenn von einer Million Neugeborener jährlich 700.000 bis 800.000 der Schwächsten „beseitigt" würden, so wäre dies für die deutsche Nation keine Schwächung, sondern eine Kräftesteigerung.[305]

Was in den Köpfen der Nationalsozialisten vorging, zeigt der Vorschlag des SD-Abschnittes Litzmannstadt vom 25. August 1941 unter der Überschrift:"Großzügige Sterilisation polnischer Primitivschichten" Es heisst dort: „... Es handelt sich hierbei nicht um eine negative Maßnahme der Erbpflege, sondern um eine Maßnahme völkischer Ausmerze".[306]

Auch der in Leer geborene Eugeniker Bernhard Bavink, der 1933 der NSDAP beitrat[307] und in Bielefeld wirkte, bereitete durch seine „rassenhygienischen" Thesen in den Jahren bis 1945 zunehmend den Weg zu einer grundsätzlichen Infragestellung des Lebensrechtes von „Minderwertigen", wie in einem wissenschaftlichen Gutachten für die Stadt Bielefeld dargestellt wird.[308]

Eugenik im NS-Staat als „Biologische Verbrechensbekämpfung" [309]

---

303 zitiert bei Matthäus/Bajohr, (Hg.) : Alfred Rosenberg, Die Tagebücher von 1934 bis 1944, S. 41

304 a.a.O., S. 112

305 Enzyklopädie des Nationalsozialismus, S. 261

306 Nacht über Europa, S. 204

307 BArch R58/6138

308 Schwartz, Michael, u. Bavink, Bernhard: Völkische Weltanschauung - Rassenhygiene - Vernichtung lebensunwerten Lebens", S. 88. Siehe auch Ernst Klee, Das Personenlexikon des Dritten Reiches, Frankfurt 2003. Bavink zu Ehren ist eine Strasse in Leer mit seinem Namen benannt und eine Gedenktafel an seinem Geburtshaus in der Brunnenstraße angebracht.

309 Artikelüberschrift bei Klee, Ernst, Deutsche Medizin im Dritten Reich, S.59

und die Verschleppung in Konzentrationslager unterschieden sich in der Methode, aber nicht in der Zielsetzung der „Ausmerzung“ von Randgruppen der Gesellschaft. Ziel war die „Gesundung des deutschen Volkskörpers“.[310]

Schon im Juli 1933 wurde das „Gesetz zur Verhütung des erbkranken Nachwuchs“ erlassen (Sterilisationsgesetz).[311] Ähnliche Vorschriften gab es in einigen westeuropäischen Staaten und in Bundesstaaten der USA. [312] Allerdings wurden hier nur Einzelfälle behandelt.

Ursprünglich sollte dieses Gesetz auch Massnahmen gegen „Gewohnheitsverbrecher“ enthalten. Hierfür wurde jedoch ein gesondertes Gesetz erlassen, dass gleichzeitig mit dem „Sterilisationsgesetz“ in Kraft trat.[313]

Der Bundestag hat das NS-Gesetz am 24. Mai 2007 fraktionsübergreifend geächtet. Er stellte fest, dass das Gesetz Ausdruck der menschenverachtenden nationalsozialistischen Auffassung vom „lebensunwerten Leben“ sei.[314]

Das Ziel des Gesetzes war die Sterilisation vermeintlicher „asozialer Elemente“. Zweidrittel aller Sterilisierten waren als „schwachsinnig“ eingestuft, davon Zweidrittel Frauen.[315] Das Gesetz war das erste Rassengesetz des NS-Staates und die Grundlage für die zwangsweise Sterilisation von über 350.000 Menschen zwischen 1933 und 1945. Bis zu 6.000 Frauen und ungefähr 600 Männer sind an den Folgen des Eingriffes gestorben.[316] Die Bürgermeister und Landräte waren informiert und wirkten bei der Abwicklung des Gesetzes mit. Sie mussten u.a. über die Erstattung der Kosten entscheiden.[317]

310 Herbert, Ulrich in Die Nationalsozialistischen Konzentrationslager Band 1 S. 78
311 RGBl. I, 1933 Nr. 86, S. 529 f..(In Kraft getreten 1.1.1934)
312 Evans, Ian, Das Dritte Reich, Band II, S. 622 f.
313 vom 24.11.1933 (RGBl. I 1933 S.995)
314 Das Parlament Nr. 22-23 / 29.5.200722-23 / 29.5.2007
315 Nachweise dazu in Thomas Kubetzky, „Alles Erbkranke (ist) lückenlos auszumerzen“, S.17 f.
316 Aly, Götz, Warum die Deutschen? Warum die Juden? S. 272,
317 Dokumentation Leer 1933 - 1945, S. 116 ff.

1934 wurde ein Netz von Gesundheitsämtern geschaffen. Auch Leer war Standort eines Gesundheitsamtes. Eine der Hauptaufgaben der Gesundheitsämter war die angewandte „Rassenhygiene".

In Ostfriesland wurde von den Gesundheitsämtern ein „Merkheft" mit dem Titel „Erbkranker Nachwuchs ist Volkstod" verteilt.[318] Die Amtsärzte stuften die Bevölkerung in die Kategorien „wertvoll", „wertlos" und „gefährlich" für den „gesunden Volkskörper" ein. Als erbgeschädigte Teile der Bevölkerung identifizierte das Reichsgesundheitsamt (Prof. Ritter) die schweren Alkoholiker, die Gewohnheitsverbrecher, die Nörgler und Querulanten, die „Arbeitsscheuen", die Missgebildeten, die „asozialen Psychopathen" und die „Zigeunersippen".[319]

Das Gesundheitsamt Leer erhielt 1935 141 Anzeigen wegen der Verhütung erbkranken Nachwuchses von Amtsärzten, nicht beamteten Ärzten, Anstalten und sonstigen Personen. Es konnten nicht alle Anzeigen abschließend bearbeitet werden. Für 85 Personen wurden Anträge auf Unfruchtbarmachung beim zuständigen Erbgesundheitsgericht in Aurich gestellt, davon 3 von den Betroffenen selbst. 82 Anträge wurden von den Amtsärzten des Gesundheitsamtes Leer gestellt. In dem Berichtsjahr wurden 89 Sterilisationen im Kreiskrankenhaus durch den Chefarzt Dr. Otto Brandt durchgeführt. „Betriebsführer" des Krankenhauses war Landrat Conring. In einem Viertel der Fälle waren Zwangsmassnahmen erforderlich um die Operation durchführen zu können. In rd. 80 % aller Fälle wurde die Zwangssterilisation wegen „angeborenen Schwachsinns" angeordnet.[320]

Der beim Staatlichen Gesundheitsamt Leer beschäftigte Arzt Dr. Otto Houtrouw war zugleich Arzt des SS-Sturmbann III (Aurich) der SS - Standarte 24 „Ostfriesland" mit Sitz in Oldenburg und nahm 1935 an einem vom Reichsführer SS befohlenen Lehrgang für SS-Ärzte des Amtes für Bevölkerungspolitik und Erbgesundheitspflege

318 NLA AU Rep. 16/1 Nr. 909
319 Kaupen-Haas, Heidrun, Hg.: Der Griff nach der Bevölkerung, S. 44 f.
320 NLA AU Rep. 16/1 Nr. 908

(eigentlich ab 1934 „Rassenpolitisches Amt der NSDAP") teil. An diesem Lehrgang konnten nur speziell ausgesuchte Ärzte teilnehmen. Houtrouw (Jahrgang 1906) war bereits 1923, wohl als Student, Mitglied des Schlageter-Bundes geworden, benannt nach einem frühen Mitglied der NSDAP und Aktivist eines Sabotagetrupps im besetzten Ruhrgebiet.[321]

1936 bescheinigte der Leiter des Gesundheitsamtes, Dr. Otto Buurmann, Jahrgang 1890, seinem Mitarbeiter: „Dr. Houtrouw hat erbbiologisch eine grosse Anzahl von Sterilisationsanträgen bearbeitet und dabei nicht nur gutes erbbiologisches Wissen entwickelt, sondern auch Verständnis für die rassehygienischen Ziele des Staates gezeigt." [322] Diese Ziele formulierte Buurmann 1936 in einem Vortrag vor evangelischen Pfarrern u.a. so: "Ebenso wie Staatsform und Staatsführung ist auch die öffentliche Gesundheitspflege entscheidend beeinflusst worden durch die Einsicht, das daher gute Erbmassen und eine geeignete Auslese zum Wohle des Staates dienlicher sind als Schädlinge oder Geisteskranke, zumal dann, wenn sie auf Kosten der Allgemeinheit hochgepäppelt werden".[323]

Am 29. Juni 1937 schrieb Buurmann an die Bürgermeister im Landkreis Leer:[324]"...Um sicher zu gehen, dass die rassenhygienischen Belange in ihren vollen Umfang beachtet werden, ersuche ich Sie, veranlassen zu wollen, dass die Bewerber für Ehestandsdarlehen..."[325]

321 Mommsen, Hans, Aufstieg und Untergang der Republik von Weimar, S. 172. Schlageter wurde 1923 von einem französischen Kriegsgericht zum Tode verurteilt und dadurch für die politische Rechte ein nationaler Märtyrer

322 NLA AU Rep. 16/1, Nr. 5578

323 abgedruckt in der Zeitschrift „Die Diakonisse", Jahrgang 1936, S. 106-115. In diesem Aufsatz forderte Buurmann die Pfarrer auf, erb-biologisch Minderwertige heimlich anzuzeigen. Klee, Ernst: Deutsche Medizin im Dritten Reich, S. 323

324 Dokumentation Leer 1933 - 1945, S. 119 - 120.

325 Buurmann war später Amtsarzt der Hauptstadt des Generalgouvernements Krakau. Als Vertreter des Generalgouverneurs war er u.a. bei der Fleckfieber-Tagung am 29.12.1941 im Reichsinnenministerium anwesend. (Fleckfieberversuche Buchenwald), Klee, Ernst, Das Personenlexikon zum Dritten Reich, S. 89 Auf dieser Tagung wurden Vergleichsversuche an Menschen beschlossen, die im KZ Buchenwald durchgeführt wurden. Auf einer weiteren Tagung im Jahr 1942 wurde über diese Menschenexperimente berichtet. Buurmann war aktiver Teilnehmer auch dieser Tagung. (Quelle dazu: Fleckfieberforschung im Deutschen Reich 1914 - 1945, Inauguraldissertation Phiilipps-Universität Marburg, vorgelegt von Thomas Werther, 2004) S. 114 und S. 122 f. https://www.deutsche-digitale-bibliothek.de/ ▶

Die Anträge auf Zwangssteriliation wurden vom Erbgesundheitsgericht in Aurich entschieden. In diesem „Gericht“ saßen wiederum die Amtsärzte, darunter auch Dr. Buurmann aus Leer und linientreue Ärzte (z.B. Dr. Visser, Westrhauderfehn, der zugleich Leiter des Amtes für Volksgesundheit der NADAP war).[326] Die ländliche Bevölkerung, die oft nur des Plattdeutschen mächtig und nie aus ihrem Dorf herausgekommen war, begegneten vor Gericht linientreuen Akademikern. Die Mediziner trafen im Sinne der NS-Ideologie oft keine medizinische, sondern eine soziale Auslese. So begründet das angerufene Obergesundheitsgericht Celle die Ablehnung der Beschwerde eines F. aus Bullerbarg bei Steenfelde (Landkreis Leer) mit folgenden Worten: ...Selbst die Reise von seinem Wohnort zur Sitzung des Erbgesundheitsobergerichtes (in Emden. Verf.) konnte er nicht alleine machen, weil er sich nicht fähig fühlte, sich zurechtzufinden...Denn dass der Schwachsinn in der Erbmasse liegt, ergibt sich völlig eindeutig aus der unterdurchschnittlichen Begabung von 2 der 4 Kinder.“ [327]

Die Zwangssterilisationen wurden erst spät als Verfolgung Unschuldiger anerkannt.

In Artikel 2 des Gesetzes zur Aufhebung nationalsozialistischer Unrechtsurteile in der Strafrechtspflege und von Sterilisationsentscheidungen der ehemaligen Erbgesundheitsgerichte wurden die Entscheidungen der „Erbgesundheitsgerichte“ 1998 nachträglich aufgehoben (BGBl. I S. 2501).

Welche Folgen die Entscheidungen der Ärzte in Leer haben konnte, wird in einem Fall aus dem Landkreis Leer deutlich.

Wübke Anna Lührs, Ehefrau eines Straßenwärters aus Detern, schrieb im Juli 1937 an ihre Tochter in Berlin: „Bei Familie L. ist

binary/M6HX43AGNVE4K6WPQNAY77N5RJBQZ6JX/full/1.pdf oder archiv.ub.uni-marburg.de. Buurmann war von 1954 - 1956 Ministerialdirektor im Bundesinnenministerium (Ernst Klee,Deutsche Medizin im Dritten Reich, S. 322) Das Bundesinnenministerium hat ein Forschungsprojekt gestartet, dass die Karrieren hoher Medizinalbeamter in der NS-Zeit und in der BRD untersucht. Der Forschungsbericht wird Mitte 2018 vorliegen (e-mail an Verf.).

326 Ostfriesland, Kalender für Jedermann, 1938, S. 56

327 NLA AU Rep. 16/1, Nr. 909

große Trübsal. Ich hab dir wohl erzählt, dass die E. und ihr Verlobter eine Siedlungsstelle in Lammertsfehn haben wollten und abgewiesen wurden. Sie mußte sich natürlich in Aurich vorstellen, und da ist sie dann über alles befragt worden, was sie nicht hat beantworten können. ...und mußte dazu noch hören, dass sie geistig minderwertig und nach Paragraph so und so sterilisiert werden müßte. ... Im November 1936 fing die Not an. Erst nach Leer zur Untersuchung, die Eltern das gleiche ... Anfang März unter Androhung von Polizeigewalt zur Beobachtung nach Göttingen. Von dort wieder nach Leer. Immer dasselbe, obwohl hier kein Mensch eine Spur von Geistesgestörtheit sah. Vor 14 Tagen kam ein Brief, zum 14. Juli hätte sie sich in Leer im Krankenhaus zur Sterilisation einzufinden. Am 13. hat sie sich nachts im Elternhaus auf der Diele erhängt....In den Tod gejagt hat man das arme Mädchen.“ [328]

Von Januar 1940 an bis zum Sommer 1941 wurden mehr als 70.000 körperlich und geistig behinderte „arische“ Deutsche in Gaskammern ermordet.[329] Hitler hatte in einem von ihm persönlich unterzeichneten Erlass vom 1. September 1939 (sog. „Gnadentod-Erlass“) den Weg dahin freigemacht. [330] Vom Kleinkind bis zu Erwachsenen wurden die Menschen in besonderen Anstalten umgebracht. Benannt war die Aktion nach ihrer Zentrale in Berlin, Tiergartenstraße 4, als Aktion T 4. Der Bischof zu Münster, Clemens August Graf von Galen, hatte unter Lebensgefahr den Mut, diese Morde in einer Predigt am 3. August 1941 in St. Lamberti offen zu geißeln. Schon am 13. Juli 1941 hatte er in einer Predigt von der physischen Übermacht der Gestapo gesprochen und erklärt „...Keiner von uns ist sicher... dass er nicht eines Tages...in den Kellern und Konzentrationslagern der Geheimen Staatspolizei eingesperrt wird.“ In welchem Umfang

---

328 zitiert in: Die Chronik Detern, S.415 f.

329 Himmler am 19.12.1940 an den Stabsleiter des Chefs der Kanzlei des Führers der NSDAP: „Wie ich höre, ist auf der Alb wegen der Anstalt Grafeneck eine große Erregung. Die Bevölkerung kennt das graue Auto der SS und glaubt zu wissen, was sich in dem dauern rauchenden Krematorium abspielt. Was dort geschieht, ist ein Geheimnis und ist es doch nicht mehr.“ in Heiber (Hg): Reichsführer!, S. 83

330 Der Befehl Hitlers datiert vom 1.9.1939, dem Beginn des Polenfeldzuges (Haffner, Anmerkungen zu Hitler, S. 166), Binder, Epoche der Entscheidungen, S. 553

das Gesundheitsamt Leer in diese Aktion eingebunden war und in welchem Umfang Menschen aus Ostfriesland umgebracht wurden, bedarf noch einer eingehenden historischen Recherche. Eine historische Aufarbeitung der Arbeit des Gesundheitsamtes Leer in den Jahren 1933 bis 1945 steht noch aus.[331]

Die Zwangssterilisation von „Schwachsinnigen" aus sozialen Gründen war der Beginn der „Ausmerze" der „Asozialen", weil sie dem „Herrenmenschen-Ideal" nicht entsprachen.

Und die „Asozialen" gerieten zunehmend ins Visier des Partei- und Behördenapparates. So ist die spätere Bezeichnung Heinrich Ukenas durch Bürgermeister und Landrat als „gewerbsmäßiger Nichtstuer, Querulant und Arbeitsscheuer" der Ausgrenzungssprache der nationalsozialistischen Ideologie des „gesunden Volkskörpers" entnommen. Die Betreuung sog. Arbeitsscheuer, Trinker, Unterhaltssäumiger und Wanderarbeiter war in der Weimarer Republik in der Reichsfürsorgepflichtverordnung vom 13. Februar 1924 und § 13 der Reichsgrundsätze vom 4. Dezember 1924 geregelt worden. Doch die Nationalsozialisten verschärften das Vorgehen gegen diesen Personenkreis. Schon am 11. August 1933 unterzeichnete Carl Röver, der spätere Gauleiter von Oldenburg, als „Reichsstatthalter" das Bremische „Zigeuner- und Arbeitsscheuengesetz".[332], das ein Ausnahmerecht für diesen Personenkreis etablierte.

Für die Unterbringung dieses Personenkreises wurden in der Weimarer Republik Arbeitshäuser (Zwangsarbeitslager) und Wanderheime („Herbergen zur Heimat") von den Fürsorgebehörden vorgehalten. Für den Antrag auf Einleitung eines Arbeitszwangsverfahrens

331 Das Landesarchiv - Standort Aurich - teilte dem Verfasser mit:"Im November 1995 wurde im Gesundheitsamt Leer eine Bewertung der dort vorhandenen Altregistratur vorgenommen. Dabei musste festgestellt werden, dass Erbgesundheitsakten nicht mehr vorlagen. Eine langjährige Mitarbeiterin glaubte sich daran zu erinnern, dass einige Zeit vor ihrem Dienstantritt diese Akten in einer größeren Aktion vernichtet wurden. Daher umfasst der Bestand des Gesundheitsamtes Leer gerade noch 17 Verfahren zur Unfruchtbarmachung, bei denen es sich mehrheitlich jedoch um Wiederaufnahmeverfahren handelt."

332 Ayaß (Bearbeiter), Bundesarchiv, Materialien Heft 5, „Gemeinschaftsfremde", S. 33, Ein geschichtlicher Aufriss des Begriffes „Arbeitsscheu" ist enthalten in Schleupner, Franziska, Arbeitsscheu Reich, S. 42 ff.

waren die Wohlfahrtsbehörden zuständig. Daher warb die Behörde für Wohlfahrt und Versicherungswesen Bremen am 14. April 1937 auch bei den ostfriesischen Landkreisen für die Belegung des Zwangsarbeiterlagers Teufelsmoor mit der Begründung, dass die Art der Torfarbeiten und die Verpflegung der Arbeitsfähigkeit den dort Beschäftigten angepasst werde. Für Unterbringung und Verpflegung wurde den Kommunen 1,10 RM pro Tag berechnet. Die ostfriesischen Landkreise bevorzugten dennoch das Landeswerkhaus Moringen im Solling, das zwar einen Pflegesatz von 1,80 RM pro Tag aufwies, aber durch Anrechnung des Arbeitsentgeltes der Insassen für die Landkreise finanziell günstiger war. Auch der Landrat in Leer entschied sich gegen Teufelsmoor. Dem „Landeswerkhaus“ war zugleich ein Konzentrationslager für weibliche Schutzhäftlinge angegliedert.[333]

Vom NS-Regime wurde formal ab 1940 diese alternative Möglichkeit der sozialen Betreuung abgeschafft. Mit einem streng vertraulichen Schreiben der Kriminalpolizeistelle Wilhelmshaven vom 18. Juli 1940 an die Landräte[334] wurde angeordnet, die Personen, die in einem Arbeitshaus untergebracht werden können, grundsätzlich für die Unterbringung in polizeiliche Vorbeugungshaft vorzuschlagen (gem. dem Erlass vom 14. Dezember 1937).[335] Die polizeiliche Vorbeugungshaft bedeutete für die Inhaftierten überwiegend die Einlieferung in die Konzentrationslager und damit Überführung in den Machtbereich der SS. Die Beendigung des Dualismus zwischen Arbeitshäusern und Konzentrationslagern könnte mit der Vorbereitung des Angriffes auf die Sowjet-Union („Unternehmen Barbarossa“) ab Juli 1940 zusammenhängen. In einem vertraulichen Schreiben des Reichssicherheitshauptamtes in Berlin an den Leiter der Kriminalpolizeileitstelle Bremen vom 7. Oktober 1940 wird über den in Vorbereitung befindlichen „Gesetzentwurf betr. Behandlung der

333 NLA AU Rep. 16/1, Nr. 994. Das „Landeswerkhaus Moringen“ im Solling wurde durch Verfügung des Landeswohlfahrtsverbandes vom 29. November 1948 wieder eröffnet.
334 Der Eingangsstempel des Landkreises Leer trägt das Datum 12. September 1940
335 NLA AU, Rep. 32, Nr. 2114

Gemeinschaftsfremden" informiert, der die Möglichkeit böte, einen größeren Kreis von Asozialen (Gemeinschaftsfremde) als bisher in Verwahrung zu nehmen.[336]

Der Fall Ukena - Allein gegen die Mächtigen

Am 4. Oktober 1934 beschwerte sich der 51-jährige Heinrich Ukena bei dem Reichsminister des Innern Wilhelm Frick[337] in Berlin über die Anordnung des Bürgermeisters zur Entfernung der „Kaiserfenster". Er behauptete, „in weitesten Kreisen der Bürgerschaft eine tiefe Empörung über das Vorgehen der Stadtverwaltung wahrzunehmen". Er sprach in diesem Zusammenhang von „Kulturbolschewismus".[338] Damit verwandte er einen Kampfbegriff der Nationalsozialisten gegen moderne künstlerische Ausdrucksformen. Er bat den Minister, die Angelegenheit zu prüfen und den Wiedereinbau der Fenster anzuordnen. Der Minister und NSDAP-Parteigenosse Dr. Wilhelm Frick reagierte umgehend. In einem von Staatssekretär Pfundtner unterzeichneten Schreiben[339] wurde über den Regierungspräsidenten in Aurich und den Landrat in Leer Bürgermeister Erich Drescher zur Stellungnahme aufgefordert.

Wer war Heinrich Ukena, der in einer Zeit als Briefe zu schreiben gefährlich sein konnte, eine Beschwerde an einen NS-Minister schickte. Heinrich Ukena wurde am 17. Februar 1883 mittags in Leer als Sohn des Kaufmanns Johann Gerhard Ukena geboren. Die Familie hatte eine „Handlung von Kolonialwaren engl. Kohlen- und Schiffsausrüstungsgegenständen". Der Betrieb befand sich im Eck-

336 NLA OL 231-5-Nr. 70

337 Frick war während der Münchner Zeit Hitlers in den Zwanziger Jahren Oberamtmann im Polizeipräsidium (Mommsen, a.a.O., S. 201), er wurde als Hauptkriegsverbrecher nach einem Urteil des Internationalen Militärgerichtshof 1946 in Nürnberg gehenkt.

338 Der Begriff war in der Weimarer Republik mit antisemitischen Assoziationen verknüpft und stand im Kontext mit der Polemik gegen großstädtische Lebensformen, wie auch die neuentdeckte Beziehung zum natürlichen Leben, eine Erfindung des Bildungsbürgertums der Vorkriegszeit (Mommsen a.a.O., S. 371)

339 Stadtarchiv Leer Az.: I 4100/4.10

gebäude Neue Straße/Königstraße , genannt das „Schifferhaus“, gegenüber der „Waage“ gelegen. Vater Johann Ukena war Sohn des Leeraner Hafenkapitäns Bruno Ukena (gest. 1896). In dem Haus befand sich auch das Lokal „Püntjer Börse“. *(Abb. 8 u. 9)*

Heinrich Ukena blieb unverheiratet. Im Mai 1903 reiste er als 20-jähriger erstmalig ins Ausland. Er wohnte in Glasgow. Im September 1907 zog er nach Marrakesch. 1910 war er wieder in Leer ansässig. Er trat aus der Kirche aus.[340]

Seit 1910 war Ukena von der Möglichkeit von Ölfunden in der Stadt Leer und Umgebung überzeugt.[341] Dies entsprach dem damaligen Zeitgeist, in Deutschland herrschte gleichsam eine Ölhysterie. In diesen Jahren gab es eine nicht mehr zu überblickende Vielzahl an Publikationen zur Petroleumfrage.[342] Im Jahr 1910 beschäftigte sich tatsächlich sowohl der Magistrat als auch die Geologische Landesanstalt Berlin mit angeblichen Ölfunden in Leer.

Bereits zur Amtszeit von Bürgermeister Dieckmann (1888 - 1913) hatte er angekündigt, mit Hamburger Freunden in Leer nach Erdöl suchen zu wollen. Mit dem Schreiben vom 27. März 1911 gab er diese Absicht auf.

Er wurde Soldat im Ersten Weltkrieg. Seine Cousine Helga Dittmann (geb. Ukena, Jahrgang 1917) berichtet aus ihren Kindertagen[343], dass er mit einem sehr schönen eigenen Pferd in Russland in einem Garderegiment gedient haben soll. Am 23. Dezember 1918 kehrte er nach Leer zurück. Nach seinen Angaben war er aus russischer Kriegsgefangenschaft entlassen worden.[344] Ukena hatte also an der „vergessenen“ Ostfront des Ersten Weltkriegs gekämpft.[345] Hatten

340 Unterlagen des Einwohnermeldeamtes (Stadtarchiv)

341 Stadtarchiv Rep.1: 3196, 3192, 3197

342 Karsch, Rainer/Stokes, Raimund: Faktor Öl, S. 81. Als äußeres Zeichen kam 1910 aus den USA die Zapfsäule in Deutschland an (S. 51)

343 Schreiben an den Verfasser (a.a.O) im August 2010

344 Stadtarchiv Rep. 1, 3192

345 Tagungsbericht: Die vergessene Front - der Osten 1914/15: Ereignis, Wirkung, Nachwirkung, 24.05.2004 – 27.05.2004 Berlin, in: H-Soz-Kult, 25.08.2004, <www.hsozkult.de/conferencereport/id/tagungsberichte-544>.

ihn die Erfahrungen und die Erlebnisse in den Kriegsgefangenen-Lagern im Osten Russlands geprägt? In der Heimat standen die aus Russland zurückkehrenden deutschen Soldaten unter dem Generalverdacht, vom bolschewistischen „Revolutionsbazillus" angesteckt worden zu sein. Es wurden geistige „Entlausungsanstalten" gefordert.[346] Tatsächlich wurden nach dem Krieg spezielle militärische Durchgangslager für die heimkehrenden Soldaten geschaffen um sie gegen linksreaktionäre Tendenzen immun zu machen. Der Infanterist Adolf Hitler wurde 1919 als Propagandaredner in ein entsprechendes Lager in Lechfeld bei München abkommandiert. Er hielt zwar keine Vorträge bei den rückkehrenden Kriegsgefangenen, sondern beim Stammpersonal, wurde aber als „geborener Volksredner" entdeckt.[347]

Man kann darüber nur spekulieren, wie Ukena die psychischen und physischen Belastung dieser Jahre verarbeitet hat. Wurde er von den Bolschewiken indoktriniert?

Nach seiner Rückkehr aus der Kriegsgefangenschaft, zu Zeiten von Bürgermeister Helms (1917 - 1920), versuchte er, die Stadt Leer erneut davon zu überzeugen, ihm die Erdölsuche zu gestatten oder selbst aufzunehmen.

Es war Stadtgespräch, dass er aus den USA zurückgekommen sei. Dort habe er nach dem Ersten Weltkrieg auf Ölfeldern gearbeitet.[348] Dies ist allerdings in den Akten nicht belegt.

In der Amtszeit von Bürgermeister Dr. Erich vom Bruch (1920 - 1933) war er erfolgreich: Am 24. Februar 1922 beschloss der Magistrat der Stadt Leer einstimmig, einen Explorationsvertrag mit Ukena abzuschließen. Allerdings gelang es Ukena wieder nicht, Geldgeber zu finden. Am 30. Mai 1928 wurde eine Option auf Verlängerung der Zuschlagsfrist abgelehnt.

346 Protokoll der Reichstagssitzung vom 14. Juni 1918, S. 5516 f.

347 Vierteljahreshefte des Instituts für Zeitgeschichte München 1959, Heft 2, S. 195 u. Dokument 4; Weber, Wie Adolf Hitler zum Nazi wurde, S. 182 f.

348 Gespräch des Verfasser mit Zeitzeuge Herrn Karl Tiedeken

In der Zeit der NS - Machthaber im Rathaus versuchte es Ukena erneut. Am 7. September 1933 stellte er einen Antrag an den Magistrat über die Anordnung eines Mutungsrechtes (d.h. Recht zum Suchen von Bodenschätzen). Am 23. November 1933 lehnte der Magistrat ab und stellte die Entscheidung bis März 1934 zurück.[349] Seine Cousine Helga Dittmann vermutete, dass dies den Beginn seines Konflikts mit dem Bürgermeister Drescher markiert.[350]

Ukena lebte bis zum Beginn des 1. Weltkrieges, noch zu Lebzeiten seines Vaters, offensichtlich in guten wirtschaftlichen Verhältnissen. In den Jahren danach muss sich seine finanzielle Lage wesentlich verschlechtert haben. So schrieb er am 20. Juli 1933 an den noch als Staatskommissar amtierenden Drescher, es ergäbe sich der Wunsch, „endlich einmal auf einen materiellen Boden gestellt zu werden". Er erhielt gelegentliche Zuwendungen der Wohlfahrtspflege. Aus einem Schreiben vom 24. Juli 1933[351] ist zu entnehmen, dass seine wirtschaftliche Lage sehr prekär war. Er habe sich „in der Worte wahrster Bedeutung durchgehungert". Auch in einem Schreiben ein Jahr später (vom 9. Juli 1934) stellte er fest, dass seine Unterkunft menschenunwürdig sei und dadurch sein Material verludern würde. Mit „Material" bezeichnete er seine Unterlagen über die Erdölsuche.[352] Im Jahr 1936 war Ukena „armselig" angezogen.[353] In dem Protokoll der Stadtratssitzung vom 8. Dezember 1936 ist die Rede von einem Mietzuschuss an Ukena von 40 RM monatlich, der je zur Hälfte von Stadt und Landkreis getragen wurde.[354]

Die weitere Familie Ukenas war finanziell besser gestellt. So erwarb sein Schwager im Mai 1940 zum vollen Wert ein Haus von der Stadt Leer, das diese mit einem Abschlag von dem jüdischen Kaufmann Ludwig Mergentheim erworben hatte. Die Differenz wurde wie damals üblich dem Haushalt der Stadt Leer zugeführt. Man kann davon

349 Stadtarchiv Leer, Rep. 1 Vorgang „Kaiserfenster"
350 Stadtarchiv Leer, a.a.O.
351 Stadtarchiv Leer, a.a.O.
352 Stadtarchiv Leer, Rep. 1/3196/3197/3192
353 Gespräch des Verf. mit Herrn Karl Tiedeken
354 Stadtarchiv Leer, Rep. 434/435

ausgehen, dass er von seiner Familie auch gelegentlich Unterstützung erhielt.

Noch im August 1933 schrieb Bürgermeister Drescher anerkennend über Ukena: „Der Genannte ist nicht Parteigenosse, hat sich aber schon seit 20 Jahren völkisch betätigt, jahrelang hat er gearbeitet – auch wenn er oft verspottet wurde – um festzustellen, ob in Ostfriesland Erdöl vorhanden ist.“ [355] Ukena wurde im Volksmund als „Ölkönig“ bezeichnet.

Der Ausdruck „völkisch betätigt“ bedeutete im NS-Jargon, dass Ukena zum „gesunden“ Teil der Volksgemeinschaft und nicht zu den nach Ansicht der Machthaber minderwertigen Randgruppen gehörte.

Der auslandserfahrene und gebildete Ukena wurde zu einem kenntnisreichen Kritiker der nationalsozialistischen Stadt- und Kreispolitik. Offensichtlich hatte er Verbindungen zu regimekritischen Personen in den Verwaltungen, die ihn mit Informationen versorgten, aber selbst nicht in Erscheinung treten wollten. Er gehörte keiner der oppositionellen Parteien an. Er wohnte zu dieser Zeit in der Groninger Straße.

Am 3. Januar 1934 teilte das Parteiorgan der NSDAP, die „Ostfriesische Tageszeitung“ mit: „... in Polizeihaft genommen wurde der hiesige Kaufmann Heinrich Ukena, der durch seine Erdölforschung stadtbekannt geworden ist. Ukena hat es bereits seit langer Zeit nicht unterlassen können, an allen Maßnahmen unserer nationalsozialistischen Regierung Kritik zu üben und unsere Bewegung durch abfällige Äußerungen zu verunglimpfen...“

Ukena wurde im Januar 1934 für 12 Tage in Leer in „Schutzhaft“ genommen.[356]

355 Stadtarchiv Leer, Schreiben vom 11. August 1933 Gauinspektor Drescher an den Oberpräsidenten

356 NLA AU Rep. 16/1, Nr. 995, Forderungsnachweis der Stadt Leer über Kosten für Schutzhaftgefangene im Monat Januar 1934. Mit Ukena saßen drei Seeleute, ein Schneider und ein Viehhändler ein.

Der Bürgermeister nahm mit Schreiben vom 30. Oktober 1934[357] an den Leeraner Landrat Dr. Hermann Conring Stellung zu Ukenas Beschwerde vom 4. Oktober 1934 an den Innenminister über die Entfernung der „Kaiserfenster" und verleumdete ihn: Es handele sich „... um einen chronischen Nörgler und Kritikaster , der geflissentlich jeder Arbeit aus dem Wege geht, sich auf Kosten gutmütiger Bürger der Stadt Leer durchschlägt und im Übrigen seinen Lebenszweck darin sieht, alle Maßnahmen und Anordnungen der Stadtverwaltung zu kritisieren und Stimmung für seine Meinung zu erzeugen. Bei der Mehrzahl der Einwohner der Stadt Leer wird Herr Ukena nicht für ganz normal angesehen." Vom „Volksgenossen" zum „Volksschädling", Dreschers Einschätzung änderte sich innerhalb weniger Monate, weil Ukena schon vor seinem Beschwerdebrief wegen der „Kaiserfenster" die NS-Größen in Leer angegriffen hatte.

Ukena war durch seine Äußerungen für die Behörden zu einer Symbolfigur für lästige Kritik geworden. In einem Vermerk eines städtischen Beamten im Jahre 1934 zu einem Streit innerhalb der jüdischen Synagogengemeinde, der durch wiederholte Kritik durch das Gemeindemitglied M. hervorgerufen wurde, schrieb der Beamte: „M. genießt in den Kreisen seiner Glaubensgenossen den Ruf eines Heini Ukena".[358]

Auch im folgenden Jahr 1935 trat Ukena wieder als Kritiker der Politik des Magistrats hervor. Gegenstand war der Viehhof der Stadt Leer. In einem Schreiben vom 21. Juni 1935 an den Landrat Conring[359] wandte er sich gegen die Kündigung des jüdischen Viehhof-Gastwirtes Hirschberg durch den Bürgermeister zum 1. Juli 1935. Nach seiner Meinung war unter dem Gesichtspunkt des wirtschaftlichen Interesses der Stadt Leer die Kündigung ein Fehlgriff. Die Folge sei, dass die jüdischen Händler den Viehmarkt Leer verlassen und nach Dortmund und Oldenburg abwandern würden.

Die frühe Ausgrenzung der jüdischen Händler vom „arischen Markt-

357 Stadtarchiv Leer, a.a.O.
358 Stadtarchiv Leer, Rep. 1 -3348 (0100), Vermerk v. 8.3.1934
359 NLA AU, Rep. 32, Nr. 1674

geschehen“ in Leer war tatsächlich ein Vorteil z.B. für die Stadt Emden, wo der Magistrat den jüdischen Händlern auf dem dortigen Viehmarkt noch uneingeschränkte Handelsfreiheit gestattete.[360] Ukena bezeichnete die Kündigung Hirschbergs als „eine übersteigerte antisemitische Handlung“ der Stadt Leer. Im Lagebericht der Gestapo Wilhelmshaven für Oktober 1935 wird demgegenüber Landrat Conring in Hinblick auf die große Rolle der jüdischen Viehhändler in Leer wie folgt zitiert:“Ich bin mir mit dem Reichsnährstand (das war u.a. die Kreisbauernschaft. Verf.) darüber einig, dass sie (die jüdischen Viehhändler. Verf.) aus dieser Stellung erst dann verdrängt sein werden, wenn geeigneter arischer Ersatz für sie herangebildet ist. Der Jude sieht aber allmählich ein, dass es um *sein Letztes* geht.“ (Hervorh. d. Verf.)[361] Ob Conring damit lediglich die wirtschaftliche Existenz der Juden meinte, ist offen.

Ukena war mit dieser Beschwerde auf der Linie der Herrschenden in Berlin, da vom Reich im Hinblick auf die Olympischen Sommerspiele 1936 in Berlin Weisungen über den Verkehr mit jüdischen Geschäftsleuten erlassen worden waren, die die örtlichen Machthaber vor und während dieser internationalen Veranstaltung noch vor harten Massnahmen zurückhalten sollten.[362]

Fast ein Jahr nach Ukenas Kritik, am 18. Mai 1936, bezeichnete selbst ein NS-Stadtratsmitglied in einer Sitzung das Verhalten der Stadt gegenüber den jüdischen Viehhändlern, wohl bezugnehmend auf die Anweisungen aus Berlin, als „leichtsinnig“.[363] Ukena hatte mit seiner Kritik am Vorgehen gegen die jüdischen Viehhändler einen wunden Punkt der NS-Politik in Stadt und Landkreis Leer getroffen.

Den Höhepunkt in der Auseinandersetzung mit dem Leeraner Behördenleiter und NSDAP-Gauinspekteur Drescher stellte jedoch ein persönlicher Konflikt mit dem Bürgermeister ab Mai 1935 dar.

---

360 Teuber, Werner, Jüdische Viehhändler in Ostfriesland..., S. 137
361 NLA AU, Rep. 16/1, Nr. 1024, S. 874
362 Stadtarchiv Leer, Rep. 434/435 , Magistratsprotokoll v. 16.4. 1938. Die Stadt zahlte bis 1938 noch einen Betriebszuschuss für die Jüdische Schule
363 Stadtarchiv Leer, Rep. 434/435, Niederschrift über die Besprechung der Stadträte vom 18.5.1936

Ukena hatte im Mai 1935 eine Vorsprache im Rathaus Leer wegen eines Schreibens der Stadtverwaltung. Ihm war mitgeteilt worden, dass ihm die Unterstützung, die er bis dahin erhalten hatte, entzogen sei. Es entspann sich eine Diskussion mit dem Verwaltungssekretär Vry, der ihn aufforderte, sich um Arbeit zu kümmern. Als Ukena auf seine Erdölforschung hinwies, meinte Vry, Ukena habe noch nie richtig gearbeitet. Ukena erwiderte u.a.: „Ich verdiene mein Geld ehrlicher als der Bürgermeister…". Die Denunziation folgte prompt. Auf Antrag des Oberstaatsanwaltes Frerichs vom 6. August 1935 wurde wegen Beleidigung des Bürgermeisters das Hauptverfahren vor dem Schöffengericht in Emden eröffnet.

Unter dem Vorsitz von Amtsgerichtsrat v. Steuber [364] verurteilte das Gericht Ukena am 27. September 1935 wegen Beleidigung zu einer Geldstrafe von 75 Reichsmark, hilfsweise zu einem Tag Gefängnis für 5 Reichsmark, also maximal zu 15 Tagen Haft.

Die Staatsanwaltschaft legte Berufung ein, denn sie hatte drei Monate Gefängnis beantragt. Gefordert hatte dies Landrat Conring, der sich einmischte und sofort nach dem Urteil am 1. Oktober 1935 dem Oberstaatsanwalt in Aurich schrieb: „Mir scheint es erforderlich, dass gegen dieses Urteil Berufung eingelegt wird, damit eine schärfere Strafe gegen Ukena festgesetzt wird. Es ist meines Erachtens völlig unerträglich, dass Ukena, der ein gewerbsmäßiger Nichtstuer und Querulant ist, zum allgemeinen Gaudium der Links- und Rechts-Reaktion[365] im Rathaus zu den Beamten sagen kann, er verdiene sein Geld ehrlicher als der Bürgermeister…".

Conring hielt nach eigenem Bekunden von Kritikern an staatlichen

---

364 v. Steuber war 1924 Auslöser eines Justizskandals um das Abspielen des antisemitischen „Borkumliedes", das er wieder ermöglichte. Die Ortsgruppe Berlin des Republikanischen Richterbundes bezeichnete ihn damals als „den wahrhaft verwerflichen Typ des politischen, das heißt des parteipolitisch funktionierenden Richters". Bajohr, Unser Hotel ist judenfrei, S. 80 f.. v. Steuber wurde auch Mitglied der NSDAP und Ihren Gliederungen. NLA AU Rep. 107, Nr. 796

365 Conring bediente sich, ohne schon formal Parteimitglied zu sein, eines traditionellen Kampfbegriffes der NSDAP. Im Kampflied der SA (Horst-Wessel-Lied) heißt es: „Kameraden, die Rotfront und Reaktion erschossen…"

Handlungen nichts, da sie für ihn nicht zum „überwiegend gesunden Volksteil“ gehörten.[366]

Auch Ukena selbst legte Berufung ein. Die politische Einwirkung Conrings und die Berufungen hatten keinen Erfolg. Die Große Strafkammer des Landgerichts in Aurich wies die Berufung der Staatsanwaltschaft in der Sitzung vom 23. November 1935 unter dem Vorsitz von Landgerichtsdirektor Rieke auf Kosten der Staatskasse zurück.[367]

Da Ukena die Geldstrafe nicht aufbringen konnte, verbüßte er die Strafe im Gerichtsgefängnis Leer vom 1. Februar 1936, 12.00 Uhr, bis zum 16. Februar 1936, 12.00 Uhr. Er wurde jedoch nicht entlassen, sondern sofort erneut wegen eines anderen Strafverfahrens (Aktenzeichen Gs 366/35) in Untersuchungshaft genommen.[368] Der Gegenstand dieses Verfahrens ließ sich nicht ermitteln.

Ukena hatte sich mit seiner Kritik an der Kommunalpolitik mit den lokalen Führern Drescher und Conring gefährliche Feinde geschaffen. Im Jargon der NSDAP waren „Gemeinschaftsfremde“ keine „Volksgenossen“ sondern „Volks- oder Staatsfeinde“.[369] Der Begriff „Volksgemeinschaft“ war zwar auch ein politischer Schlüsselbegriff für die meisten Parteien in der Weimarer Republik und auch schon in der Kaiserzeit. Für die Nationalsozialisten wurde dieser Begriff jedoch abseits eines egalitären Anspruchs ein Instrument der Ausgrenzung ganzer Bevölkerungsteile vor allem im rassischen Sinn.[370]

Es ist davon auszugehen, dass sich leitende Beamte wie Drescher und Conring über den Wandel dieses Begriffes im Nationalsozialismus und über die Folgen einer bestimmten Kategorisierung von Menschen bewusst waren. Das zeigen als triviales Beispiel die Prüfungsfragen für eine Klausurarbeit für die 2. Juristische Staatsprüfung 1934 (! Verf.)

---

366 NLA AU, Rep. 16/1/63, Schreiben an den Regierungspräsidenten v. 25.11.1935
367 NLA AU, Rep. 109 D 1114
368 NLA AU, a.a.O.
369 Evans, Richard J. , Das Dritte Reich, Die Diktatur. S. 100
370 Bajohr/Wildt, Volksgemeinschaft, S. 8 f.

in Hamburg.[371] Ein Kandidat bekam die Note „gut“, weil er in beiden Fällen für das Verbringen in ein Konzentrationslager plädierte.[372]

Die Gerichtsakte wegen der Strafsache „Beleidigung des Bürgermeisters“ interessierte die Leeraner Behörden wieder im Jahr 1938. Das Amtsgericht Leer, der Oberamtsrichter van Hove war gleichzeitig Mitglied der Kreisleitung der NSDAP [373], forderte die Akte am 26. Januar 1938 von der Staatsanwaltschaft in Aurich an. Mit gleichem Datum hatte der Reichsführer SS und Chef der Polizei Heinrich Himmler eine erste Verhaftungsaktion gegen „Arbeitsscheue“ befohlen, die jedoch mit großer Verzögerung durchgeführt wurde. Die Staatsanwaltschaft erinnerte später an die Rücksendung. Das Amtsgericht antwortete am 11. März 1938, die Akte werde noch gebraucht.[374] Erst am 18. Juli 1938 wurde sie und eine weitere Gerichtsakte über Ukena, deren Inhalt nicht bekannt ist, zurückgesandt.[375] Der zeitliche Zusammenhang mit der weiteren reichsweiten Aktion „Arbeitsscheu“ im Juni 1938, [376] lässt vermuten, dass Material gegen Ukena gesammelt wurde.

Der 55-jährige Heinrich Ukena, der in Leer in der Königsstrasse 14 wohnte, wurde am Dienstag, dem 28.06.1938, mit den weiteren Häftlingen der Aktion „Arbeitsscheu“ in das KZ Buchenwald eingeliefert. Er war seit dem 14. Juni 1938 auf Anordnung der Gestapostelle Wilhelmshaven in Haft. Als Einlieferungsbehörde wurde im Fragebogen der Effektenkammer der Lagerverwaltung „Leer Ostfr.“ angegeben. Es bleibt offen, ob die Stadt oder der Landkreis Leer damit gemeint sind.

Ukena *(Abb. 10 u. 11)* erhielt die Häftlingsnummer 471 (ursprünglich bei der Aufnahme 7710) und wurde als ASR-Häftling gekenn-

---

371 X wird von hamburgischen Polizeibeamten in Schutzhaft genommen und in ein Konzentrationslager abgeführt, a) weil er eine französische Zeitung mit Greuelmärchen-Material versorgt hat,b) weil er mit einem höheren Polizeibeamten eine persönliche Meinungsverschiedenheit gehabt hat.Wie ist das Vorgehen der Polizeibeamten rechtlich zu beurteilen?“

372 Justizbehörde Hamburg (Hg), „Für Führer, Volk und Vaterland...“, S. 182

373 Ostfreesland, Kalender für Jedermann Jahrgang 1938, S. 56 und 69

374 Ostfreesland, Kalender für Jedermann Jahrgang 1938

375 NLA AU, a.a.O.

376 Weitere Ausführungen in einem späteren Kapitel

zeichnet.[377] Die Häftlingsnummer hatte er von einem zuvor verstorbenen Häftling übernommen. Als Beruf gab er bei der Einlieferung „Erdölgeologe“ an. Er war bürgerlich bekleidet, trug eine Uhr mit Kette. Die Effekten wurden gegen Quittung eingezogen und verwahrt.

Heinrich Ukena wurde in Block 31, einer der Holzbaracken, untergebracht.

Der „Ölkönig“ von Leer und weltläufige Kaufmann Heinrich Ukena starb am 13. März 1940 im Alter von 57 Jahren um 2.40 Uhr in Saal 1 des Krankenreviers, einer Steinbaracke. Im Totenbuch des Krankenreviers ist als Todesursache „Herzschwäche, Lungenentzündung“ angegeben. Insgesamt starben an diesem Tag elf Häftlinge, das war die durchschnittliche Sterberate in diesen Tagen. Das Standesamt Weimar registrierte seinen Tod unter der Sterbebuch-Nr. 898/1940.[378] Er hinterließ eine Strickjacke, einen Schal und zwei Reichsmark. Angehörige erhielten ein Telegramm der Lagerleitung mit der Todesnachricht und der Mitteilung, dass der Leichnam am 15. April 1940 in Weimar verbrannt wurde.

Bis 1940 wurden die Häftlingsleichen in den Krematorien von Weimar und Jena verbrannt.[379] Ab Sommer 1940 hatte das KZ ein eigenes Krematorium.

377 Das war die interne Abkürzung für Schutzhäftlinge der Aktion „Arbeitsscheu Reich“
378 Stadtarchiv Leer, Mitteilung an das Einwohnermeldeamt Leer
379 Kogon, Eugen, Der SS-Staat, S. 178

Bildteil

Abb. 1 Dr. von Bruch
(Quelle: Stadtarchiv)

Abb. 2 Erich Drescher
(Quelle: BArch-NSDAP Zentralkartei)

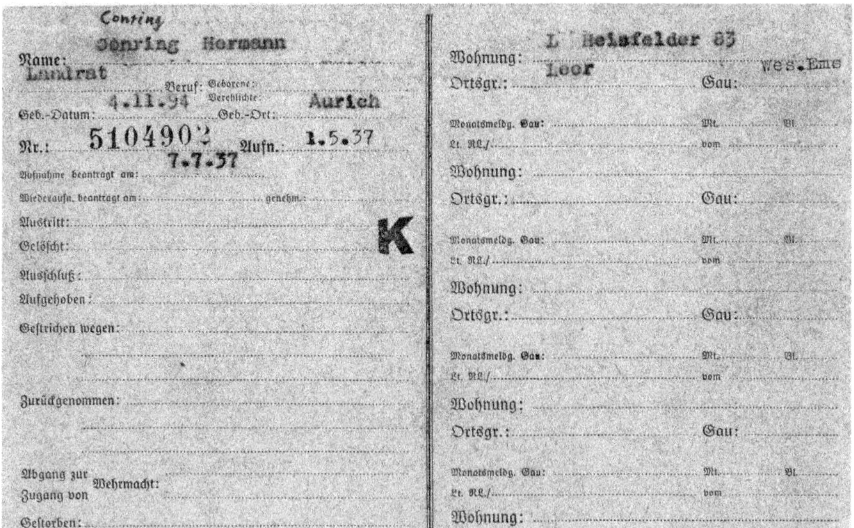

Conring
Name: Conring Hermann
Landrat
Beruf: Geborene: Verehelichte:
Geb.-Datum: 4.11.94 Geb.-Ort: Aurich
Nr.: 5104902 Aufn.: 1.5.37
Aufnahme beantragt am: 7.7.37
Wiederaufn. beantragt am: genehm.:
Austritt:
Gelöscht: K
Ausschluß:
Aufgehoben:
Gestrichen wegen:
Zurückgenommen:
Abgang zur / Zugang von Wehrmacht:
Gestorben:
Bemerkungen:

Wohnung: L Heisfelder 83
Ortsgr.: Leer Gau: Wes.Ems
Monatsmeldg. Gau: Mt. Bl.
Lt. RL./ vom
Wohnung:
Ortsgr.: Gau:
Monatsmeldg. Gau: Mt. Bl.
Lt. RL./ vom
Wohnung:
Ortsgr.: Gau:
Monatsmeldg. Gau: Mt. Bl.
Lt. RL./ vom
Wohnung:
Ortsgr.: Gau:
Monatsmeldg. Gau: Mt. Bl.
Lt. RL./ vom
Wohnung:
Ortsgr.: Gau:

Abb. 3 NSDAP-Karteikarte Conring (Quelle: BArch-NSDAP-Zentralkartei)

Abb. 4

Zeitungsausschnitt: Conring und Himmler auf Besichtigungsreise in der Provinz Groningen

(Quelle: NIOD Instituut voor Oorlogs-, Holocaust- en Genocidestudies)

Abb. 5 Conring in Groningen 1944 mit Hitlergruß (3. v. re.)
(Quelle: Beeldbank WO2)

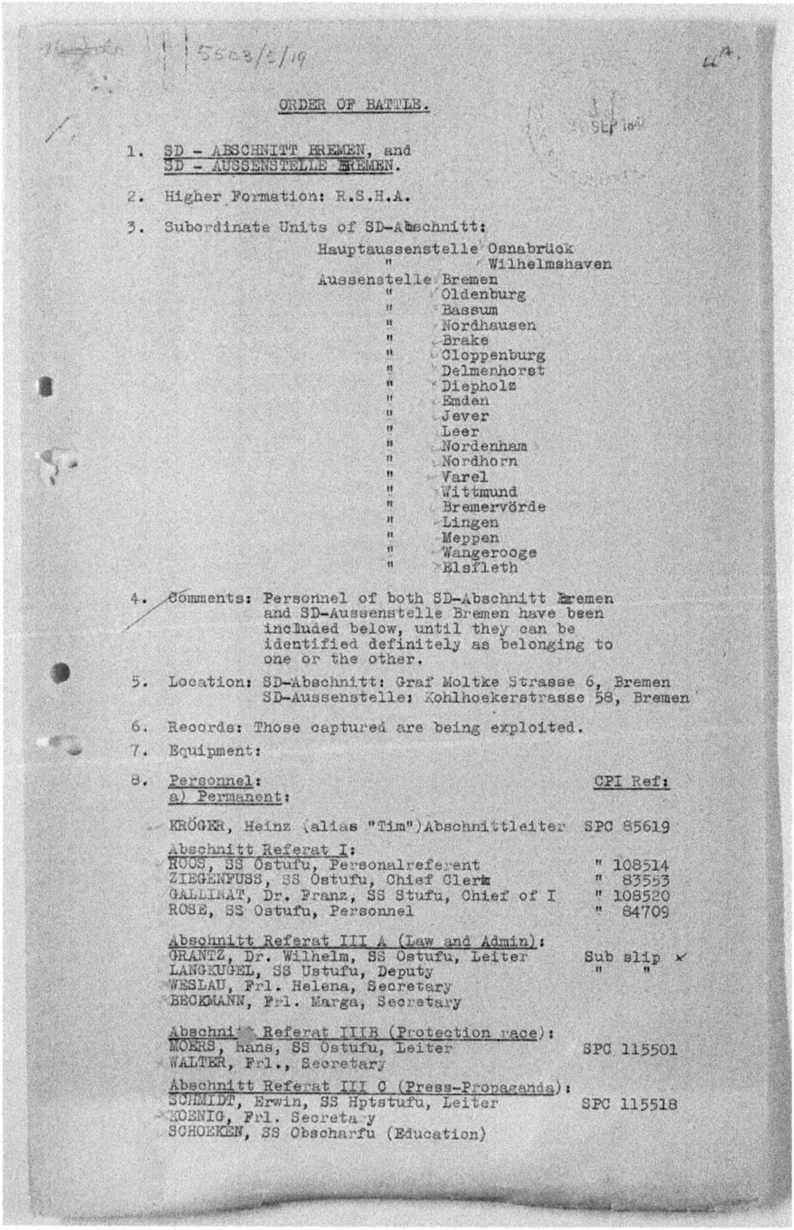

5563/S/19

ORDER OF BATTLE.

1. SD - ABSCHNITT BREMEN, and
SD - AUSSENSTELLE BREMEN.

2. Higher Formation: R.S.H.A.

3. Subordinate Units of SD-Abschnitt:

Hauptaussenstelle Osnabrück
" Wilhelmshaven
Aussenstelle Bremen
" Oldenburg
" Bassum
" Nordhausen
" Brake
" Cloppenburg
" Delmenhorst
" Diepholz
" Emden
" Jever
" Leer
" Nordenham
" Nordhorn
" Varel
" Wittmund
" Bremervörde
" Lingen
" Meppen
" Wangerooge
" Elsfleth

4. Comments: Personnel of both SD-Abschnitt Bremen and SD-Aussenstelle Bremen have been included below, until they can be identified definitely as belonging to one or the other.

5. Location: SD-Abschnitt: Graf Moltke Strasse 6, Bremen
SD-Aussenstelle: Kohlhoekerstrasse 58, Bremen

6. Records: Those captured are being exploited.

7. Equipment:

8. Personnel: CPI Ref:
a) Permanent:

KRÖGER, Heinz (alias "Tim") Abschnittleiter SPC 85619

Abschnitt Referat I:
ROOS, SS Ostufu, Personalreferent " 108514
ZIEGENFUSS, SS Ostufu, Chief Clerk " 83553
GALLINAT, Dr. Franz, SS Stufu, Chief of I " 108520
ROSE, SS Ostufu, Personnel " 84709

Abschnitt Referat III A (Law and Admin):
GRANTZ, Dr. Wilhelm, SS Ostufu, Leiter Sub slip
LANGKUGEL, SS Ustufu, Deputy " "
WESLAU, Frl. Helena, Secretary
BECKMANN, Frl. Marga, Secretary

Abschnitt Referat IIIB (Protection race):
MOERS, hans, SS Ostufu, Leiter SPC 115501
WALTER, Frl., Secretary

Abschnitt Referat III C (Press-Propaganda):
SCHMIDT, Erwin, SS Hptstufu, Leiter SPC 115518
KOENIG, Frl. Secretary
SCHOEKEN, SS Obscharfu (Education)

Abb. 6 (Quelle: TNA Kew)

Einweihung und Uebergabe der WHW.-Mosaiktafel

otz. Am 3. Jahrestage der nationalsozialistischen Machtübernahme wurde die im vorigen Winter zusammengesetzte Mosaiktafel des Winterhilfswerks enthüllt und der Stadt übereignet.

Zu einer kleinen Feier hatten sich die Führer der Partei und deren Gliederungen, die Vertreter der Behörden, die Stadträte und Ratsherren, die engsten Mitarbeiter des WHW und Vertreter der Bürgerschaft im unteren Flur des Rathauses eingefunden. Dort hat die Tafel in einer Mauer ihren Platz gefunden.

Der Kreisleiter der NSV., Müller, begrüßte die Erschienenen und gab seiner Freude darüber Ausdruck, daß er gerade an diesem Tage die Mosaiktafel enthüllen und der Stadt übergeben könne. Der Führer habe angeordnet, am 30. Januar keine rauschenden Feste zu feiern, sondern sich in besonderer Weise der Hilfsbedürftigen im Volke anzunehmen. Die Tafel redet eine deutliche Sprache von der Opferfreudigkeit der Leerer Einwohnerschaft.

Eine ganz besondere Freude bedeute es aber für den Kreisamtsleiter, daß die gesamte Bevölkerung hinter diesem Opferwerk stände. Niemals hätte das WHW 1934/35 einen solchen Erfolg aufweisen können, wenn sich nicht das gesamte Volk daran beteiligt hätte. So hat die ganze Stadt auch Anteil an dem Glück, das aus dem Hilfswerk wieder

Z.-Bild Aufnahme: Jokubl, Leer

barer Block, fest eingefügt in die harte Wand eines großen Hauses. Als diese Tafel in die Mauer eingefügt wurde, so führte Kreisamtsleiter Müller weiter aus, da fiel auch mancher Abfall auf die Erde und mußte dem festen Block Platz machen. So gibt es auch Menschen, die dem Neuen nur im Wege und für das Wohlergehen des ganzen Volkes nur hinderlich sind und zum Abfall werden.

Abb. 7 (Quelle: Stadtarchiv Leer)

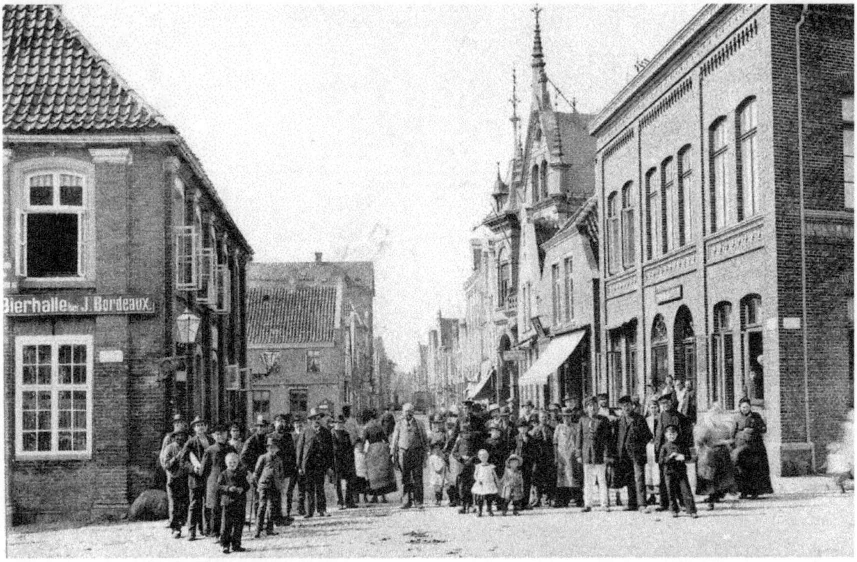

Abb. 8 Ansicht Neue Str. vom Rathaus. Rechts das Wohn- und Geschäftshaus Ukena (Aufnahme undatiert um 1900, Joh. Heinr. Doden Lithograph. Anstalt Leer)

Abb. 9 Ausschnitt aus dem vorhergehenden Foto: An der Tür stehend vermutlich Familie Ukena mit Betriebsangehörigen. Heinrich Ukena war damals um die zwanzig Jahre alt.

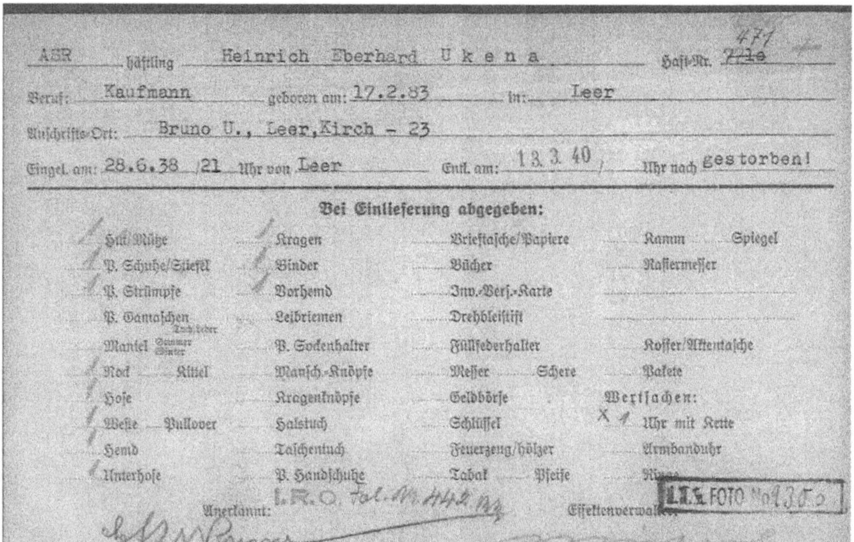

ASR Häftling Heinrich Eberhard U k e n a Haft-Nr. 471
Beruf: Kaufmann geboren am: 17.2.83 in: Leer
Anschrifts-Ort: Bruno U., Leer, Kirch – 23
Eingel. am: 28.6.38 /21 Uhr von Leer Entl. am: 13.3.40 Uhr nach gestorben!

Bei Einlieferung abgegeben:

1 Hut/Mütze	1 Kragen	Brieftasche/Papiere	Kamm Spiegel
1 P. Schuhe/Stiefel	1 Binder	Bücher	Rasiermesser
1 P. Strümpfe	1 Vorhemd	Inv.-Vers.-Karte	
P. Gamaschen	Leibriemen	Drehbleistift	
Mantel Sommer Winter Tuch Leder	P. Sockenhalter	Füllfederhalter	Koffer/Aktentasche
1 Rock Kittel	Mansch.-Knöpfe	Messer Schere	Pakete
1 Hose	Kragenknöpfe	Geldbörse	Wertsachen:
1 Weste Pullover	Halstuch	Schlüssel	1 Uhr mit Kette
1 Hemd	Taschentuch	Feuerzeug/hölzer	Armbanduhr
1 Unterhose	P. Handschuhe	Tabak Pfeife	Ringe

Anerkannt: Effektenverwalter:

Abb. 10 Effektenkarte des KZ Buchenwald für Heinrich Ukena (Quelle: ITS Arolsen)

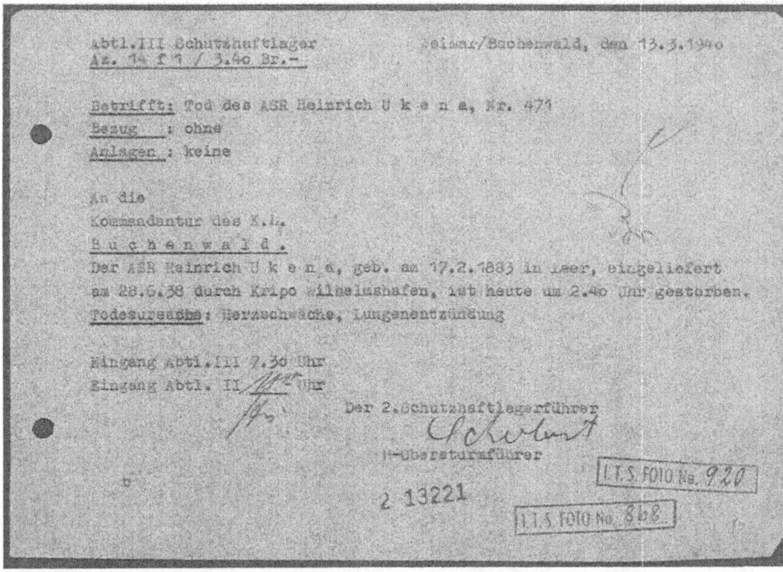

Abtl.III Schutzhaftlager Weimar/Buchenwald, den 13.3.194o

Az. 14 f 1 / 3.4o Br.-

Betrifft: Tod des ASR Heinrich U k e n a, Nr. 471

Bezug : ohne

Anlagen : keine

An die

Kommandantur des K.L.

B u c h e n w a l d .

Der ASR Heinrich U k e n a, geb. am 17.2.1883 in Leer, eingeliefert am 28.6.38 durch Kripo Wilhelmshafen, ist heute um 2.4o Uhr gestorben.

Todesursache: Herzschwäche, Lungenentzündung

Eingang Abtl.III 7.30 Uhr

Eingang Abtl. II ___ Uhr

Der 2.Schutzhaftlagerführer

Schobert

SS-Obersturmführer

2 13221

I.T.S. FOTO No. 920

I.T.S. FOTO No. 868

Abb. 11 Todesmeldung Heinrich Ukena durch den Schutzhaftlagerführer an die Kommandatur (Quelle: ITS Arolsen)

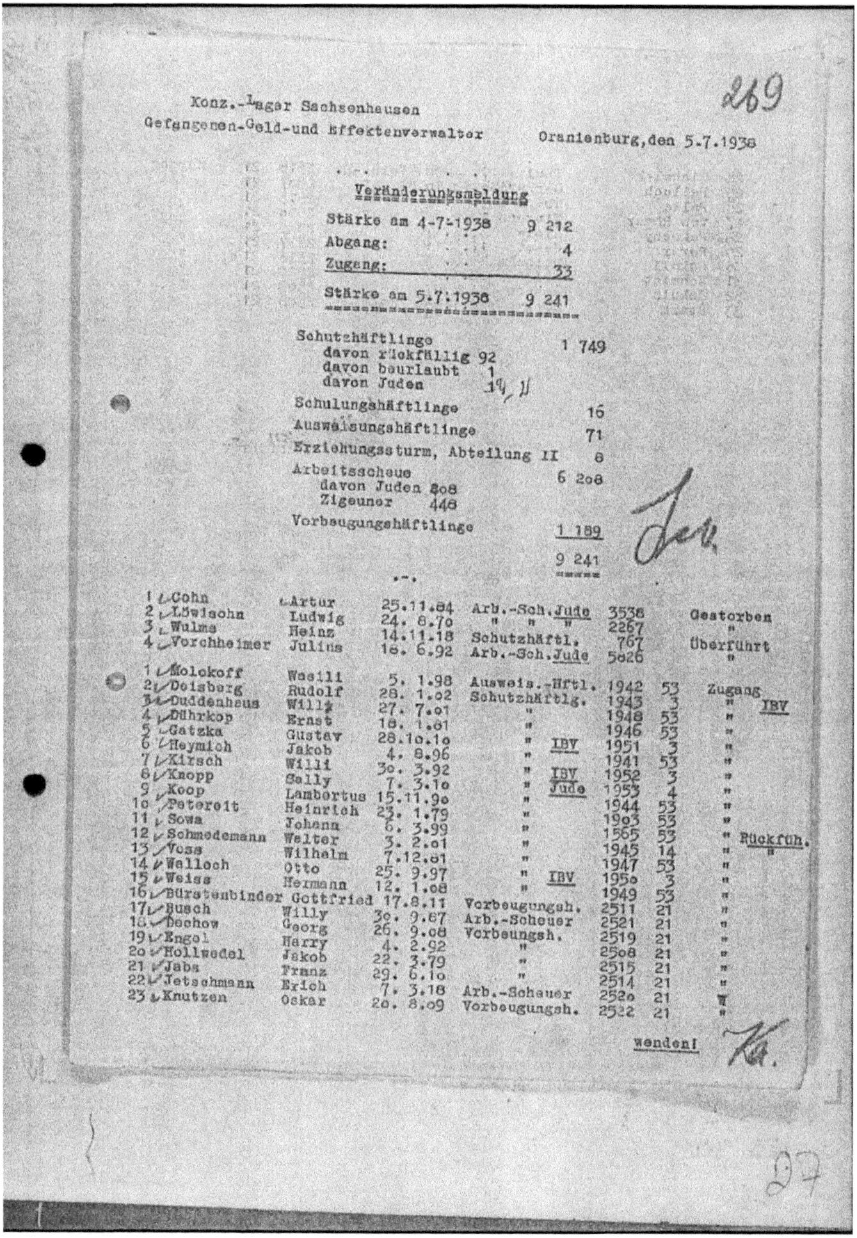

Konz.-Lager Sachsenhausen
Gefangenen-Geld-und Effektenverwalter Oranienburg, den 5.7.1938

269

Veränderungsmeldung

Stärke am 4-7-1938	9 212
Abgang:	4
Zugang:	33
Stärke am 5.7.1938	9 241

Schutzhäftlinge		1 749
davon rückfällig	92	
davon beurlaubt	1	
davon Juden	14, 11	
Schulungshäftlinge		16
Ausweisungshäftlinge		71
Erziehungssturm, Abteilung II		8
Arbeitsscheue		6 208
davon Juden	808	
Zigeuner	448	
Vorbeugungshäftlinge		1 189
		9 241

-.-

1	Cohn	Artur	25.11.84	Arb.-Sch. Jude	3538		Gestorben
2	Löwisohn	Ludwig	24. 8.70	" " "	2267		"
3	Wulms	Heinz	14.11.18	Schutzhäftl.	767		Überführt
4	Vorchheimer	Julius	16. 6.92	Arb.-Sch. Jude	5826		"
1	Molokoff	Wasili	5. 1.98	Ausweis.-Hftl.	1942	53	Zugang
2	Deisberg	Rudolf	28. 1.02	Schutzhäftlg.	1943	3	" IBV
3	Duddenhaus	Willy	27. 7.01	"	1948	53	"
4	Dührkop	Ernst	18. 1.81	"	1946	53	"
5	Gatzka	Gustav	28.10.10	" IBV	1951	3	"
6	Heymich	Jakob	4. 8.96	"	1941	53	"
7	Kirsch	Willi	30. 3.92	" IBV	1952	3	"
8	Knopp	Sally	7. 3.10	" Jude	1953	4	"
9	Koop	Lambertus	15.11.90	"	1944	53	"
10	Peterelt	Heinrich	23. 1.79	"	1903	53	"
11	Sowa	Johann	6. 3.99	"	1565	53	" Rückfüh.
12	Schmedemann	Walter	3. 2.01	"	1945	14	" "
13	Voss	Wilhelm	7.12.81	"	1947	53	"
14	Walloch	Otto	25. 9.97	" IBV	1950	3	"
15	Weiss	Hermann	12. 1.08	"	1949	53	"
16	Bürstenbinder	Gottfried	17.8.11	Vorbeugungsh.	2511	21	"
17	Busch	Willy	30. 9.87	Arb.-Scheuer	2521	21	"
18	Dechow	Georg	26. 9.08	Vorbeungsh.	2519	21	"
19	Engel	Harry	4. 2.92	"	2508	21	"
20	Hollwedel	Jakob	22. 3.79	"	2515	21	"
21	Jabs	Franz	29. 6.10	"	2514	21	"
22	Jetschmann	Erich	7. 3.18	Arb.-Scheuer	2520	21	"
23	Knutzen	Oskar	20. 8.09	Vorbeugungsh.	2522	21	"

wenden!

27

Abb. 12 (Quelle: ITS Arolsen)

K.L. Buchenwald, den 28. Juni 1938

V e r ä n d e r u n g s m e l d u n g

Stärke am 27.Juni 1938 abends **7444 Mann**

Abgang:

Arbeitsscheu Reich	Nr. 5083	Huttner, Daniel	Jude
" "	Nr. 5682	Mandelsberg, Chaim	Jude
" "	Nr. 5793	Seelig, Kurt	Jude
" "	Nr. 6866	Stein, Friedrich	Jude
" "	Nr. +6840	Welsch, Hermann	Jude
" "	Nr. 6647	Wisztyniecki, Gerhard	Jude

Zugang:

1. Braunschweig 182 AsR einfach
4 AsR Juden = 186 Zugänge

2. Sammeltransport Berlin noch nicht aufgeteilt 82 Zugänge

Zusammen: 268 Zugänge

Aufteilung d. 82 Zugänge
ASR einfach 72
" Juden 4
BV. einfach 4
Pol. einfach 1
Ausweis-Häftl. 1
82

Stärke am 28.Juni 1938 abends

7 7 0 6 Mann

Bemerkungen:

AsR Jude Nr. 6840 Welsch, Hermann geb. 1.7.75 ist verstorben.
AsR Jude Nr. 6647 Wisztyniecki, Gerhard geb. 31.12.01 auf der Flucht erschossen.

Der mit dem + versehene Abgang ist in der Stärkemeldung vom 28.6.38 früh bereits abgesetzt.

0028503

Abb. 13 Veränderungsmeldung KZ Buchenwald (Quelle: ITS Arolsen)

Abb. 14 Peter Janssen vor seiner Gaststätte (Quelle: Familienbesitz)

Abb. 15 Aufnahme v. 15.07.1937 (Quelle: Sammlung Gedenkstätte KZ Buchenwald IV 1302/12c)

Abb. 16 Tiedeken in der Soldatenuniform des Ersten Weltkrieges (Quelle: Familienbesitz)

Abb. 17 Jüchter in den zwanziger u. dreißiger Jahren (Quelle: Familienbesitz)

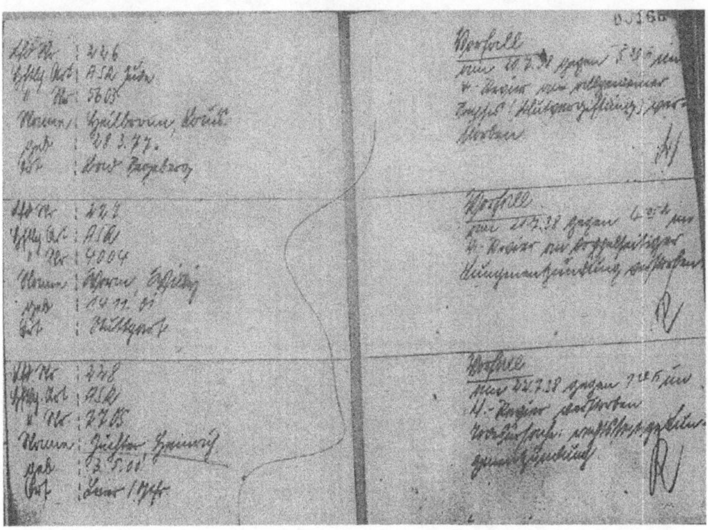

Abb. 18 Auszug aus dem Totenbuch des KZ (Quelle: ITS Arolsen)

Meine genaue Anschrift:
L. Koop
Nr. 1944
Block 3
Konz.-L. Sachsenhausen
Oranienburg bei Berlin

Konzentrationslager
Sachsenhausen
Oranienburg bei Berlin
Auszug aus der Lagerordnung:
Jeder Häftling darf im Monat 2 Briefe oder 2 Postkarten empfangen und auch absenden. Ein Brief darf nicht mehr als 4 Seiten à 15 Zeilen enthalten und muß übersichtlich und gut lesbar sein. Postsendungen, die diesen Anforderungen nicht entsprechen, werden nicht zugestellt bezw. befördert. Pakete jeglichen Inhalts dürfen nicht empfangen werden. Briefsendungen ohne Absender werden nicht ausgehändigt. Geldsendungen sind zulässig, es kann im Lager alles gekauft werden. Nationalsozialistische Zeitungen sind zugelassen, doch müssen dieselben über die Kommandantur des Lagers bestellt werden.
Der Lagerkommandant.

Postzensurstelle K.L. Sachsenhausen

20. 5. 39.

Frau
Lambertus Koop
Bunde Kr. Leer
Ostfriesland

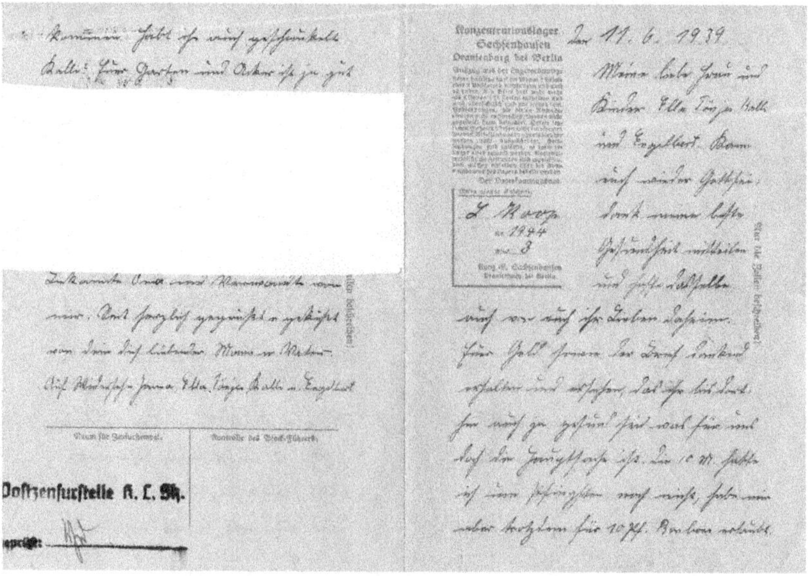

den 11. 6. 1939

Raum für Zensurstempel. Kontrolle des Block-Führers.

Postzensurstelle K.L. Sh.
geprüft:

Abb. 19 u. 20 Zensierter Brief – Koop (Quelle: Familienbesitz)

Sonderaktionen gegen „Volksschädlinge“

Ukena war einer der zentral gelenkten „Sonderaktionen“ des NS-Staates gegen „Volksschädlinge“ zum Opfer gefallen.

Diese begann mit einer „Aktion“ gegen 2000 „Berufsverbrecher“ am 9. März 1937. In Leer wurden daraufhin vier Männer als Schutzhäftlinge über Bremen dem KZ Sachsenhausen zugeführt, darunter der Arbeiter Johann S. aus der Pferdemarktstrasse. Er wurde vom KZ Sachsenhausen zunächst in das KZ Flossenbürg und dann in das KZ Dachau II. überführt, wo er am 12. Februar 1942 im Alter von 58 Jahren starb.[380]

Der Transport nach Bremen wurde mit der Bahn am Dienstag, dem 9. März 1937 von drei Polizeibeamten durchgeführt (Leer ab 14.01 Uhr, Bremen an 15.50 Uhr). Offensichtlich waren schon mehrere ähnliche Transporte vorausgegangen. Über einen gegen seinen Willen nicht wie üblich verwendeten Beamten wurde vermerkt, dass er „gerne auf Transport fährt, weil in der Nähe von Bremen Verwandte wohnen“.[381]

Unter dem Deckmantel der vorbeugenden Verbrechensbekämpfung dehnte das Regime die Methode der Vorbeuge- und Schutzhaft massenhaft aus. Als Haftort wurde vorrangig das KZ Buchenwald festgelegt.

Die Grundlage für das Vorgehen der Polizei, der erste achtseitige reichseinheitliche Erlass (Grunderlass - nicht veröffentlicht -) vom 14. Dezember 1937, von Reichsinnenminister Frick unterzeichnet, erlaubte den Polizeibehörden gegen „Berufs- und Gewohnheitsverbrecher“ oder gegen eine Person die „durch sein asoziales Verhalten die Allgemeinheit gefährdet“ eine polizeiliche planmässige Überwachung und polizeiliche Vorbeugungshaft zu verhängen.[382] In den

---

380 ITS - KZ Dachau - Indiv. Unterlagen -

381 Stadtarchiv Leer, Personalakte P. V 123

382 Ayaß, Wolfgang „Gemeinschaftsfremde“, Materialien aus dem Bundesarchiv, Heft 5, S. 94 ff.

von Heydrich, dem Chef der Sicherheitspolizei und des Sicherheitsdienstes (SD) der SS am 4. April 1938 dazu ergangenen dreiundzwanzigseitigen Richtlinien heisst es: “Die polizeiliche Vorbeugungshaft soll das schärfste Mittel sein, die Gemeinschaft vor dem Verbrecher und dem Asozialen zu schützen...Als asozial gilt, wer durch gemeinschaftswidriges, wenn auch nicht verbrecherisches, Verhalten zeigt, dass er sich nicht in die Gemeinschaft einfügen will...In erster Linie sind bei der Anwendung der polizeilichen Vorbeugungshaft Asoziale ohne festen Wohnsitz zu berücksichtigen. Politische Gesichtspunkte dürfen bei der Prüfung, ob eine Person als asozial zu bezeichnen ist, in keinem Fall Platz greifen. Dieses Gebiet bleibt nach wie vor der Geheimen Staatspolizei vorbehalten (Schutzhaft).“ [383]

Zur Anordnung der Vorbeugungshaft waren ausschließlich die Stapo/Kriminalpolizeistellen befugt. Die Anordnung musste durch das Geheime Staatspolizeiamt in Berlin bestätigt werden. Die örtlichen Polizeibehörden sollten Anträge auf Anordnung der Haft einreichen. Die Initiative ging in den meisten Fällen tatsächlich von den lokalen Polizeistellen aus. Der Erlass galt bis zum Zusammenbruch des NS-Regimes.

Eine erste reichsweite Aktion gegen die „Arbeitsscheuen“, durch die faktisch bereits mit der SS verschmolzene Polizei, wurde durch den Schutzhaft-Erlass vom 26. Januar 1938 an das Geheime Staatspolizeiamt und die Leiter der Staatspolizei(leit)stellen durch den Reichsführers SS und Chef der Deutschen Polizei Heinrich Himmler angeordnet. Die Staatspolizei(leit)stellen sollten in Zusammenarbeit mit den Arbeitsämtern und Kommunen „Arbeitsscheue“ aufspüren und verhaften.[384] Die Razzia wurde vermutlich aus organisatorischen Gründen verspätet vom 21. - 30. April 1938 (sog. April-Aktion) durchgeführt. Etwa 2000 Männer wurden in das KZ Buchenwald gebracht.

Am 1. Juni 1938 schrieb Heydrich deutlich unzufrieden: “Ich habe feststellen müssen, dass der Erlass bisher nicht mit der erforderli-

383 Ayaß, Wolfgang „Gemeinschaftsfremde“, Materialien aus dem Bundesarchiv, Heft 5, S. 124 ff.
384 Ayaß, Wolfgang „Gemeinschaftsfremde“, Materialien aus dem Bundesarchiv, Heft 5, S. 115 ff.

chen Schärfe zur Anwendung gebracht worden ist." Daher ordnete er als Chef der Sicherheitspolizei und des Reichssicherheitshauptamtes mit Schnellbrief dieses Datums an die Kriminalpolizeileitstellen eine zusätzliche umfassende Aktion (sog. „Juni-Aktion") gegen „Asoziale" im gesamten Reichsgebiet an: Zwischen dem 13. und 18. Juni 1938 sollten aus jedem Polizeileitstellenbezirk unter schärfster Anwendung des Grunderlasses vom Dezember 1937 mindestens 200 männliche und arbeitsfähige Personen (Asoziale), reichsweit etwa 3000 Menschen, außerdem alle mit Gefängnisstrafe vorbestraften männlichen Juden, in polizeiliche Vorbeugungshaft genommen und „sofort dem Konzentrationslager Buchenwald zugeführt werden".[385]

Um die Effektivität der Aktion zu steigern, wurden jetzt auch die Ortspolizeibehörden, in Ostfriesland also die Bürgermeister und Landräte, erstmals von Beginn an in diese Aktion einbezogen. Damit wurde für diese Aktion die Betreuung der „Arbeitsscheuen" den Fürsorgebehörden entzogen und deren Verfolgung der Polizei übertragen. „Von besonderer Bedeutung aber ist die Aktion für die Fürsorgeverbände in wirtschaftlicher Beziehung dadurch, dass durch die Unterbringung im Zwangsarbeitslager keinerlei Kosten entstehen", stellte der Oberbürgermeister der Stadt Münster am 17. Juni 1938 fest.[386]

Von dem Reichsführer SS und Chef der Deutschen Polizei Himmler und dem ihm unterstellten Chef der Sicherheitpolizei und SD Heydrich führte ein direkter Befehlsstrang zu den Gestapo- und Kripoleitstellen. Diese befand sich für Ostfriesland in Bremen. In der Hierarchie darunter befand sich die auch für Ostfriesland zuständige Gestapo/Kripostelle im Polizeipräsidium Roonstrasse 57 in Wilhelmshaven, die wiederum über die Bürgermeister und Landräte als Orts- und Kreispolizeibehörden den Zugriff bis zu den Ortsgendarmen in jedem Dorf hatte.

---

385 Broszat, Martin, Anatomie des SS-Staates, Band 2, S. 75 ff. , Faludi, Christian, Die „Juni-Aktion" S. 199, Materialien aus dem Bundesarchiv, Heft 5, S. 134 ff.

386 Ayaß, Wolfgang, „Gemeinschaftsfremde", Materialien aus dem Bundesarchiv, Heft 5, S. 136 (Schreiben an den Deutschen Gemeindetag)

Der Personenkreis der „Asozialen“, die in der „Juni-Aktion“ festgenommen werden sollten, wurde in dem Schnellbrief Heydrichs konkretisiert:

„Landstreicher, Bettler, Zigeuner, Zuhälter und solche Personen, die zahlreiche Vorstrafen wegen Widerstandes, Körperverletzung, Raubhandels, Hausfriedensbruch und dergleichen erhalten und dadurch gezeigt haben, dass sie sich in die Ordnung der Volksgemeinschaft nicht einfügen wollen, männliche Juden, die mindestens mit einer Gefängnisstrafe von einem Monat bestraft waren“.

Dieses war eine bürokratisch dehn- und handhabbare Definition des Begriffes „Volksschädling“. Sie ließ den örtlichen Behörden weiten Spielraum, sich unerwünschter Personen zu entledigen. Personen, die in einem festen Arbeitsverhältnis standen, sollten danach nicht verhaftet werden.

Die Realität bei der Verhaftungsaktion übertraf durch die intensive Mitwirkung der Kommunen sowohl in Hinblick auf die Anzahl der Verhafteten als auch auf die Ausweitung der Gründe die zentralen Vorgaben.

Insgesamt waren es nach Schätzungen weit über 10.000 Menschen reichsweit, die in dieser „Juni-Aktion“ verhaftet wurden.[387] Dreimal mehr als von Heydrich gefordert. Die verantwortliche Beteiligung der kommunalen Behörden war aus dem Blickwinkel der SS-Führung daher ein Erfolg. Aber auch der Kreis der Opfer hatte in der Durchführung durch die lokalen Behörden eine andere Gewichtung bekommen. Das beweist ein von Heydrich unterzeichneter Geheimerlass vom 5. April 1939 zur Entlassung von Schutzhäftlingen zu Hitlers 50-jährigen Geburtstag am 20. April 1939 mit den dazu ergangenen Richtlinien.[388] Er verrät entgegen dem Wortlaut des Schnellbriefes vom 1. Juni 1938 und den „offiziellen“ Regelungen, welche Willkür durch die meldenden Kommunalbehörden bei der Inhaftierung offenbar tatsächlich geherrscht hatte. Dieser Geheimer-

387 Ayaß, Wolfgang „Gemeinschaftsfremde“, Materialien aus dem Bundesarchiv“ ,Heft 5, S. 135, Anm. 3

388 Archiv Gedenkstätte KZ Buchenwald, 47-2-1

lass listete nach Angaben der KZ-Kommandanturen detailliert auf, wer nach Entscheidung des „Führers“ entlassen werden sollte und gab damit inzidenter preis, welche Häftlingsgruppen in der örtlichen Realität verhaftet worden waren und tatsächlich einsaßen. So waren nach Ziff. 3 inhaftiert: „Volksschädlinge (Meckerer, Oppositionelle, Querulanten usw.)“ oder nach Ziff. 4 „Schutzhäftlinge, gegen die ein Strafverfahren nicht eingeleitet und nicht durchgeführt oder eingestellt wurde, oder die in einem Strafverfahren freigesprochen wurden...“ Diese Definition des Begriffes „Volksschädlings“ in der Realität war wesentlich umfassender als die „offizielle“ Version im Schnellbrief vom 1. Juni 1938. „Meckerer“ und „Querulanten“ waren also zusätzlich massenhaft in die Lager eingeliefert worden.

Bei der Durchführung der „Juni-Aktion“ gab es nach dem Inhalt der teilweise erhalten gebliebenen Akten in den Landesarchiven Handlungsspielraum für die kommunalen Behörden.

Sie reagierten erkennbar unterschiedlich auf die höherrangigen Anweisungen.

Der Amtshauptmann des Amtes Ammerland hatte kurzerhand am 10. Juni 1938 telefonisch der Kriminalpolizeistelle Wilhelmshaven berichtet, keine Personen melden zu können, die für die „Schutzhaft“ infrage kämen. Er wurde daraufhin „höflichst“ gebeten, Personen nachzumelden.[389] Von ursprünglich sechs verhafteten Männern wurden vier von der Kriminalpolizeistelle in Wilhelmshaven nicht akzeptiert, so dass zwei Männer im Auftrag des Amtshauptmannes in Westerstede von dem Gendarmeriemeister Fooken in Ocholt dem „Sammeltransportwagen zur Weiterbeförderung nach dem K.Z. Sachsenhausen übergeben wurden“.[390] Die Gendarmeriestandorte Ofen, Bad Zwischenahn, Edewecht und Westerstede im Ammerland meldeten „Fehlanzeige“.[391] Der Bürgermeister der Gemeinde Dinklage teilte mit, „Personen der genannten Art sind hier nicht bekannt“.[392] Der Leiter des Arbeitsamtes Vechta, auch für Cloppen

389 NLA OL, Schreiben v. 11.6.1938, a.a.O.
390 NLA OL, Schreiben v. 28.6.1938, Best. 231-2A Nr. 133
391 NLA OL Best. 231-2A Nr. 133
392 NLA OL Best. 231-5 Nr. 76

burg und Friesoythe zuständig, brachte seine eigene Bewertung ein. Er schrieb dem Amtshauptmann in Vechta: “Personen der in Rede stehenden Art, gegen die ein Eingreifen der Polizei *erforderlich* (Hervorhebung d. Verf.) erscheint, sind mir...z.Zt. nicht bekannt“.[393] Der eine oder andere Verwaltungschef wandte sich generell gegen die Aktion. Der Oberbürgermeister der Stadt Görlitz weigerte sich im März 1938 unter Hinweis auf die Fürsorgepflichtverordnung, dem Arbeitsamt Arbeitsscheue zur Einweisung ins KZ zu melden.[394]

Selbst dem Reichskriminalpolizeiamt in Berlin war der Übereifer einzelner örtlicher Behörden suspekt. So heißt es in einem Schreiben vom 23. Juni 1938, unterzeichnet von SS-Standartenführer Arthur Nebe: „Auf Befehl des Reichsführer-SS ersuche ich...eine genaue Überprüfung der Arbeitsscheuen vorzunehmen und mir diejenigen Personen namhaft zu machen, deren Festnahme nicht verantwortet und aufrechterhalten werden kann, weil sie z.Zt. der Festnahme in einem festen Arbeitsverhältnis standen. Gleichzeitig ersuche ich um Mitteilung, weshalb trotz des klaren Wortlauts der Verfügung die Festnahmen erfolgten. Ich werde sodann prüfen, ob die polizeiliche Vorbeugungshaft in diesen Fällen aufgehoben werden kann.“ [395]

Daraufhin wurden im Zuständigkeitsbereich der Kriminalpolizeistelle Wilhelmshaven derartige Festnahmen eingestellt und die in Emden und Norden festgesetzten Häftlinge nicht mehr abtransportiert.[396]

Es handelte sich um eine Paralleljustiz nach Ermessen der örtlichen Machthaber zur „Säuberung des Volkskörpers“ ohne jede auch nur formale Rechtsgrundlage.[397] Lange Zeit noch wurde von manchen Historikern die Verschleppung von „Asozialen“ und „Arbeitsscheuen“ in die Konzentrationslager mit der vorrangigen Absicht der Rekrutierung von Arbeitskräften erklärt. Die hohe Sterblichkeit in dieser Häftlingskategorie (nach Feststellung des Verf. im Bereich der

---

393 NLA OL Best. 231-5 Nr. 76, Schreiben vom 8.6.1938

394 Ayaß, Wolfgang, „Gemeinschaftsfremde“, Materialien aus dem Bundesarchiv, Heft 5, S.118 f., Schreiben an den Leiter des Arbeitsamtes Görlitz vom 10. März 1938.

395 NLA OL Best. 231-6 Nr. 56

396 NLA OL a.a.O.

397 Langhammer, Sven, Hallesche Beiträge zur Zeitgeschichte, 2007/1

Kripostelle Wilhelmshaven 25 - 30 Prozent), spricht dagegen. Die Todesrate wäre wesentlich höher gewesen, wenn nicht im April 1939 durch die Amnestie viele Häftlinge entlassen worden wären und damit der Brutalität der Wachmannschaften entzogen wurden. Es wurde von den Häftlingen soweit wie möglich gearbeitet, die Arbeit war jedoch ein Mittel der Tortur. Dies stand im Vordergrund.[398]

Für die Unterbringung dieser Verhafteten wurden immer mehr Konzentrationslager eingerichtet. Die größten Konzentrationslager dafür waren das KZ Buchenwald auf dem Ettersberg im Stadtgebiet Weimar und Sachsenhausen in Oranienburg bei Berlin.

Die von Heydrich in dem Schnellbrief vom 1. Juni 1938 angeordneten Massnahmen wurden von den Polizeileitstellen sofort eingeleitet. Die Polizeileitstelle Bremen gliederte sich in die zwei regionalen Polizeistellenbereiche Bremen und Wilhelmshaven. Der Polizeistellenbereich Wilhelmshaven war u.a. auch für Ostfriesland (Regierungsbezirk Aurich) zuständig. Diese Behörde musste mindestens 100 Häftlinge aus ihrem Bereich melden.[399]

Statt der für das Gebiet der Polizeileitstelle Bremen insgesamt geforderten 200 Personen wurden 420 Männer, darunter 27 Juden, verhaftet.[400]

Aus den Schreiben der Kriminalstelle Wilhelmshaven und der Kriminalpolizeileitstelle Bremen vom 29. Juni 1938 und 14. Juli 1938[401] lässt sich die regionale Aufteilung der Verhafteten teilweise rekonstruieren. So wurden aus den Bereichen der Landkreise Ammerland, Friesland und der Stadt Wilhelmshaven 41 Männer, aus dem Land Oldenburg 62 Männer, aus dem Landkreis Norden 15 Männer, aus dem Landkreis Leer 20 Männer und aus der Stadt Leer 4 Männer verhaftet, insgesamt 142 Personen. Sie wurden in die Konzentrationsla-

---

398 Morsch, Günter, Die Nationalsozialistischen Konzentrationslager, S. 124. Zitat nach Wolfgang Sofsky

399 NLA OL, Best. 231-2A. Nr. 133 Schreiben v. 3.6.1938 an die Landräte (Abdruck auch in Faludi,Christian, Die „Juni-Aktion" 1938)

400 Faludi, Christian, Die „Juni-Aktion" 1938, S. 62

401 NLA OL, Rep. 136 Nr. 18395

ger Buchenwald und Sachsenhausen eingeliefert. Davon starben 32 Menschen.[402] Für die Landkreise Aurich und Wittmund[403] und für die Stadt Emden sind in den Archivbeständen Zahlen nicht auffindbar.

Der Leeraner Landrat Conring wurde zwischen dem 1. und 3. Juni telefonisch vorab von Kriminalrat Borrmann aus Wilhelmshaven über die Sonderaktion informiert. Die übergeordnete Kriminalpolizeileitstelle Bremen hatte am 2. Juni 1938 die Verwaltungschefs schriftlich zur „unverzüglichen Feststellung derjenigen asozialen Personen, die für eine Überführung in das Konzentrationslager in Frage kommen" aufgefordert.[404] Die Kriminalpolizeistelle Wilhelmshaven hatte die Bürgermeister und Landräte (im Land Oldenburg die Amtshauptleute) am 3. Juni 1938 zusätzlich angewiesen, mit besonderer Schärfe vorzugehen und so viele Personen wie irgendwie möglich zu erfassen.[405] Eine Reaktion auf die Unzufriedenheit Heydrichs.

Schriftlich wurde von Borrmann am 7. Juni 1938 noch einmal verdeutlicht: „Es ist jetzt Gelegenheit gegeben, alle unliebsamen Elemente, soweit sie auch nur halbwegs in den Rahmen der Aktion fallen, loszuwerden". Damit wurde faktisch der Wortlaut des Grunderlasses und der Richtlinien einer weiten Interpretation durch die kommunalen Stellen zugänglich gemacht. Die Verantwortung für die Auswahl der Festzunehmenden lag bei den Kommunen. Weiter Borrmann: „Engste Zusammenarbeit - ausser mit den Arbeits- Fürsorge- und Wohlfahrtsämtern - mit den Kreis- und Ortsgruppenleitern der NSDAP unter Wahrung der Vertraulichkeit wird dringend empfohlen..." Auch hier wird deutlich, wie eng staatliche und kommunale Instanzen und die NSDAP verzahnt waren. Über die Haftfähigkeit sollte der Lagerarzt entscheiden, nicht die lokalen

---

402 Nach Abgleich der außer für Norden vorliegenden Namenslisten mit den in den letzten Jahren veröffentlichten „Todesbüchern" der KZ Buchenwald und Sachsenhausen

403 Dass die „Juni-Aktion" auch dort durchgeführt wurde ist sicher. So starb nach meinen Recherchen der Arbeiter G.R. aus Esens mit der Haftnummer 7801 am 21.10.1938 im KZ Buchenwald. Er war am 2.7.1938 als „ASR"- Häftling mit einem Transport von 90 Häftlingen dort angekommen.

404 NLA OL Rep. 231-6 Nr. 56 (Schreiben an den Bürgermeister in Vechta)

405 NLA OL Rep. 211-2A, Nr. 133

Behörden.[406] Für den Transport waren die festnehmenden Stellen zuständig.[407]

Reichsweit begannen in den Morgenstunden des 13. Juni 1938 die Verhaftungsaktionen.[408]

Wie schon bei der KZ-Einweisung der Kommunisten und Sozialdemokraten im Jahre 1933[409], hatten der Landrat als Kreispolizeibehörde und der Bürgermeister als Ortspolizeibehörde der Stadt Leer in Zusammenarbeit mit den Kreis- und Ortsgruppenleitern der NSDAP eine Schlüsselstellung für die Auswahl der künftigen KZ-Häftlinge. Auch für diese „Aktion“ gab es in der Behördenhierarchie eine arbeitsteilige Vorgehensweise, bestehend aus Meldung und Transport durch die Ortsbehörden, Genehmigung durch die Gestapo und Unterbringung und Arbeitseinsatz durch die SS. So sind formal der untersten - kommunalen - Stufe des Terrorapparates Gräueltaten nicht direkt zurechenbar.

Wie intensiv und verantwortlich aber die örtlichen Amtsträger in diese Strafaktion gegen sog. „Asoziale“ eingebunden waren, ergibt sich exemplarisch aus dem folgendem Vorgang. Der Amtshauptmann (entsprechend Landrat in Ostfriesland) Vechta schrieb an die Kommandatur des Konzentrationslagers Weimar-Buchenwald: „Ich bitte um Mitteilung, aus welchem Grunde...mir ein Paket mit dem Vermerk: Effekten Julius Kleischmann übersandt wurde. Ein Julius Kleischmann ist...Ende Juni d. J. *auf Veranlassung des Amtshauptmannes* in Cloppenburg (Hervorh. durch Verf.) in Haft genommen und dann transportiert worden, und zwar als Asozialer.“ Am 3. Dezember 1938 wurde von der Behörde vermerkt: „Keine Antwort eingegangen“.[410]

Julius Kleischmann starb als Häftling Nr. 5886 am 13. November 1938 im KZ Buchenwald.[411]

406 NLA OL, Rep. 136 Nr. 18395
407 NLA OL, a.a.O.
408 Ayaß, Wolfgang , Die Aktion „Arbeitsscheu Reich“ 1938, aus Beiträge zur nationalsozialistischen Gesundheits- und Sozialpolitik, Bd. 6, Berlin 1988, S. 43 ff.
409 Janssen, Albert, in „Ostfriesland - Zwischen Republik und Diktatur „
410 NLA OL, a.a.O.
411 Totenbuch KZ Buchenwald

Nur wenige Tage nach der Aufforderung aus Wilhelmshaven hatten die Stadt Leer vier und der Landkreis Leer zwanzig Männer am 11. Juni 1938 zur Festnahme gemeldet. Zum Vergleich: Die Stadt Münster mit 140.000 Einwohnern, vergleichbar mit der Einwohnerzahl des Kreises Leer, meldete drei Häftlinge.[412] Achtzehn der gemeldeten vierundzwanzig Männer, davon drei aus dem damaligen Stadtgebiet Leer, zu denen auch Heinrich Ukena gehörte, wurden im Zuge der Aktion „Arbeitsscheu Reich“ (ASR) in das KZ Buchenwald gebracht. Diese Personen konnten mit Unterstützung von ITS anhand einer Veränderungsmeldung der Kommandatur des KZ Buchenwald[413] identifiziert werden. Diese Unterlagen wurden von den US-Truppen bei der Befreiung des KZ sichergestellt.

Das Schicksal von fünf weiteren nicht namentlich in der Statistik gemeldeten Männern konnte bisher nicht aufgeklärt werden. Es ist nicht auszuschließen, dass sie, obwohl von den Ortsbehörden gemeldet, von der Kripoleitstelle zurückgewiesen wurden und nicht mehr abtransportiert wurden. Sollten sie in das KZ Sachsenhausen eingeliefert worden sein, ist es schwierig, sie namentlich zu identifizieren. Es sind nur noch wenig Dokumente dieses Lagers erhalten, da sie vor der Befreiung von der SS-Lagerleitung vernichtet werden konnten.

Die „ASR-Häftlinge“ [414] wurden zum schwersten Arbeitseinsatz in einem Steinbruch und zu Schachtarbeiten bei minimaler Verpflegung gezwungen. Sie trugen zur Erkennung ein schwarzes Stoffdreieck an ihrer Häftlingskleidung und gehörten im Lager zur untersten Stufe der „Häftlingshierarchie“. Im Bericht des Internationalen Lagerkomitees heißt es: „Die „Schwarzen“ waren bis zum Eintreffen der großen Judentransporte die Prügelknaben...“.[415]

Ein spezieller aktueller Anlass oder Grund für die Verhaftung der Menschen ist in den Akten, mit Ausnahme bei Lambertus Koop, bei keinem Häftling festzustellen. Die örtlichen Behörden hatten diese

412 Schreiben des Oberbürgermeisters v. 17.6.1938, a.a.O. (BArch R 36/1860)

413 ITS (International Tracing Service, Bad Arolsen), Recherche Archiv-Nr. 2233

414 Abkürzung für „Arbeitsscheu Reich“

415 zitiert in: Konzentrationslager Buchenwald 1937 - 1945, S. 72

Männer offensichtlich schon während eines längeren Zeitraums wegen auffälligen Verhaltens unter Beobachtung und sie deshalb auf die Verhaftungsliste gesetzt. Als ein Beispiel dafür kann Heinrich Ukena gelten.

Auch das Sozialamt der Stadt Weener hatte einen der Verhafteten, der Mitglied der Gewerkschaft und des Reichsbanners Schwarz-Rot-Gold war, bereits am 25. Februar 1938 mit der Einweisung in ein Arbeitshaus gedroht, weil seine Familie Sozialunterstützung erhielt. Diese Aussage wurde noch im Rahmen der Fürsorgepflichtverordnung getroffen. In einem anderen Ort wurde ein Verhafteter wegen seiner Mitgliedschaft in der SPD von der zuständigen Behörde als „Systemfeind“ bezeichnet. In Loga wurde ein anderer als „Judenknecht“ beschimpft, weil er für Juden gearbeitet hatte und bei der Beisetzung eines Juden geholfen hatte. NSDAP-Mitglieder aus dem Ort hatten ihn dabei fotografiert.[416]

Soweit die Personalkarten der Lagerverwaltung des KZ Buchenwald[417] erhalten geblieben sind, waren dort nur für wenige der Häftlinge geringfügige einmalige Vorstrafen für die folgenden Vergehen angegeben: Schlägerei, Forstfrevel, Jagdvergehen, Diebstahl, grober Unfug, Hehlerei. Eine Ausnahme bildete ein Häftling, der wegen schwerer Körperverletzung zu 15 Jahren Zuchthaus verurteilt worden war. Die Anordnung Heydrichs vom 1. Juni 1938 gab als Verhaftungsgrund „zahlreiche Vorstrafen je Person“ vor.

Im Fall Koop kann der „bürokratische“ Weg in das KZ in einer Akte des Regierungspräsidenten Aurich nachvollzogen werden. Die archivierten Unterlagen geben die Details preis. Offensichtlich wurde er im zeitlichen Rahmen und unter Ausnutzung der „Gelegenheit“ der „Juni-Aktion“ als politischer Schutzhäftling in das KZ eingeliefert.[418]

Aber auch die persönliche Sicht der Geschehnisse um Koop ist dokumentiert. In seltener Eindeutigkeit kann daher das Geschehen

416 NLA AU, Rep. 252
417 ITS a.a.O. Für das KZ Sachsenhausen sind Unterlagen nur fragmentarisch erhalten.
418 NLA AU, Rep. 16/1, Nr. 997

lückenlos dargestellt werden. Dieser Vorgang belegt, dass in der „Juni-Aktion“ nicht nur „Arbeitsscheue“ im engeren Sinne betroffen waren. Es wird aktenkundig, dass eine kommunale Behörde, der Landkreis Leer, auf Wunsch einer dörflichen NSDAP-Gruppe „die Gelegenheit nutzte“ eine Person „los zu werden“, wie Kriminalrat Borrmann empfohlen hatte. Nach seinem Arbeitsbuch war Lambertus Koop bis zu seiner Verhaftung ständig als Maurer beschäftigt, zuletzt bei der Firma Fletemeyer in Leer.

Die Opfer aus Stadt und Landkreis Leer

Die Behörden in Leer nutzten ihren Handlungsspielraum zu Lasten der aus ihrer Sicht auffälligen Personen voll aus, indem sie entgegen den Richtlinien auch geringfügig Vorbestrafte, beschäftigte Arbeitnehmer und ausnahmslos Bürger mit festem Wohnsitz für die „Juni-Aktion" meldeten. Mit Rundschreiben vom 1. Juli 1938 hatte die Kriminalleitstelle Bremen demgegenüber noch einmal verfügt, dass aus fester Arbeit heraus keine Festnahmen geschehen sollten.[419] Im Land Oldenburg wurden weisungsgemäß, im Unterschied zu den Leeraner Behörden, von den Kommunen überwiegend Menschen ohne festen Wohnsitz gemeldet.

Ukena und seine Leidensgenossen wurden als Gruppe in der Stärke von 18 Verhafteten[420] von Leer nach Weimar gebracht. Lambertus Koop wurde in das KZ Sachsenhausen transportiert. *(Abb. 12)* Zwischen der Verhaftung in den Tagen vom 14. - 16. Juni 1938 und der Ankunft im KZ Buchenwald am 28. Juni 1938 lagen etwa zwei Wochen. Einige Männer der Gruppe waren vor dem Transport im Gerichtsgefängnis Leer festgesetzt. Es ist davon auszugehen, dass die Gruppe am 18. Juni 1938 bereits auf dem Weg in das KZ Buchenwald war, da ab diesem Tage die Transporte wegen der Überbelegung dieses Lagers in das KZ Sachsenhausen umgeleitet wurden. Es sollten die regelmäßig verkehrenden Sammeltransporte der Reichsbahn genutzt werden.[421]

Leer war damals Eisenbahnknotenpunkt auch für Gefangenentransporte. Nach dem „Kursbuch für die Gefangenenwagen", gültig vom 16. Mai 1938, herausgegeben von der Reichsbahndirektion Berlin[422], war der Bahnhof Leer sowohl in den Nordsüdring (V. Zweiter Umlauf), in den Westlichen Mittelring (IX.) als auch in den Nordwestlichen Grenzring eingebunden und damit Drehscheibe für Gefangen-

419 NLA OL, Best. 231-6 Nr. 56

420 Liste der Häftlinge S.110

421 NLA OL, Schreiben der Kriminalpolizeistelle an die Landräte p.p. V. 18.6.1938, a.a.O.

422 Archiv des Kammergericht Berlin, Bibliothek, BER B177

entransporte in die Konzentrationslager und Strafgefangenenlager. [423] Gefangene für die Emsland-Lager aus Richtung Hannover-Bremen mussten in Leer umsteigen. Leer war der Bahnhof für die „Aussenarbeitsstellen" Oltmannsfehn, Königsmoor, Groß Sander und Stapelermoor aus Richtung Münster.

Nach Angaben des Häftlings Fritz Krämer aus Weener[424] wurde er in einem speziellen Transportzug Leer - Hamm (Westfalen) und von dort aus nach einem mehrere Tage umfassenden Aufenthalt über Halle an der Saale nach Weimar gebracht. Vom Bahnhof Weimar wurden die Verhafteten mit dem LKW in das Lager gebracht. Nach der Veränderungsmitteilung der KZ-Verwaltung trafen am 28. Juni 1938 186 Häftlinge aus Richtung Braunschweig ein[425], dazu gehörten auch die Häftlinge aus dem Raum Leer. Dies bestätigt die von Krämer angegebene Route für die Häftlingsgruppe.

Der Maurer Lambertus Koop (bei seiner Verhaftung fälschlicherweise als Albertus bezeichnet) aus Bunde wurde nach eigenen Angaben am 28. Juni 1938 um 3.30 Uhr von Leer aus mit der Bahn in das KZ Sachsenhausen transportiert, wo er am 4. Juli eintraf.[426]

In welcher Weise ein solcher Transport ablief, kann beispielhaft am Schicksal der jüdischen Mitbürger nachvollzogen werden, die wenige Monate später, nach der Pogromnacht, am Freitag, dem 11. November 1938, in das KZ Sachsenhausen transportiert wurden. Aufgrund der im Stadtarchiv Leer vorliegenden Reisekostenrechnungen haben 4 Polizeiwachtmeister, 1 SS-Sturmmann und 1 SS-Untersturmführer 56 jüdische Männer um 8.00 Uhr mit Lastkraftwagen zum Bahnhof Oldenburg gefahren. Von dort aus ging der Transport mit einem Sonderzug weiter in das KZ Sachsenhausen.[427]

Den Verhafteten der Sonderaktion „Arbeitsscheu" wurde gestattet, kleines Handgepäck mitzunehmen. Weil die Behörden Selbstmord-

---

423 1944 wurden Sozialdemokraten von Bahnhof Leer, Bahnsteig 1, in das KZ Neuengamme transportiert. Siefkes, Erinnerungen, S. 162

424 1954 im Entschädigungsverfahren. NLA AU, Rep. 252/Nr. 1685

425 NARA Washington RG 242 Film 186 (Archiv Gedenkstätte Buchenwald)

426 Brief aus dem KZ Sachsenhausen vom 5.7.1938 (Familienbesitz)

427 StA Leer, Rep. 1, Nr. 3347

gefahr vermuteten, wurden ihnen z. B. Rasiermesser abgenommen.[428]

Der Transport erreichte am Dienstag, dem 28. Juni 1938, unter Polizeibewachung gegen 21.00 Uhr den Bahnhof Weimar. Es war ein warmer Sommertag. Ein Tag wie geschaffen für einen Ausflug und nicht für eine Fahrt in die Hölle. Der Sammeltransport mit den Gefangenen aus dem Raum Leer aus Richtung Braunschweig umfasste insgesamt 186 Gefangene, davon 182 der Kategorie „ASR einfach" und vier jüdischer Herkunft. *(Abb. 13)* Am selben Abend kam auch ein Sammeltransport aus Berlin mit 82 Gefangenen der Kategorie „ASR" an.[429] Vom Bahnhof wurden die Häftlinge mit dem LKW auf den Ettersberg im Stadtgebiet Weimar gebracht, wo sich das Lager befand. Am Ende dieses Tages befanden sich nach der Veränderungsmeldung der KZ-Verwaltung 7.706 Gefangene in den Baracken. Das Lager war für eine solche Zahl von Häftlingen nicht ausgelegt. Es wurden Notbaracken aus Holzbrettern aufgestellt.[430]

Die Häftlinge aus Leer und Umgebung waren zwischen 20 und 57 Jahre alt. Acht waren verheiratet, davon hatten sechs Kinder. Es waren überwiegend Arbeiter aus verschiedenen Bereichen, eine Ausnahme bildeten Heinrich Ukena als Kaufmann und, wie er angab „Erdölgeologe", Dominikus Tiedeken als selbständiger Schuhmachermeister und Peter Janssen, Gastwirt des bekannten Lokals „Wilhelmslust" in Loga. Es war kein Parteimitglied darunter. Sie wohnten in Leer, Heisfelde, Loga, Logaerfeld, Neermoor, Ammersum, Jübberde, Collinghorst, Weener, Westrhauderfehn und Loppersum. Ukena war in Block 31, Stichert in Block 32 und alle anderen in Block 29 eingesperrt.

Mit ihrem schwarzen Dreieck als Kennzeichen auf der Häftlingskleidung, bildeten die ASR-Häftlinge selbst in den Lagern die unterste Stufe der Unglücklichen, ohne Verbündete und Solidarität.

---

428 NLA OL, Rundschreiben der Kriminalpolizeistelle Wilhelmshaven v. 7.6.1938, a.a.O.
429 Veränderungsmeldung der KZ-Verwaltung v. 28.6.1938, Archiv Gedenkstätte KZ Buchenwald
430 Aktenvermerk der SS-Verwaltung v. 23. Juni 1938, abgedruckt bei Faludi, Die „Juni-Aktion" 1938, Dok. Nr. 126

Von dieser Leeraner Gruppe starben vier im Lager, acht wurden aufgrund der „Geburtstags-Amnestie" zu Hitlers 50-jährigem Geburtstag, dem 20. April 1939, zwischen dem 18. und 20. April 1939 entlassen, sechs weitere ohne nähere Angabe von Gründen nach unterschiedlichen Haftzeiten von drei bis sechs Monaten entlassen. Offensichtlich schaffte die KZ-Verwaltung dadurch Platz für eine andere Kategorie von Häftlingen: Am 22. September 1938 wurden 1200 jüdische Häftlinge aus dem KZ Dachau nach Buchenwald überführt.

Sechs Häftlinge oder deren Verwandte machten, nach den im Landesarchiv (Standort Aurich) befindlichen Akten[431], wegen der Inhaftierung Entschädigungsansprüche nach dem Bundesentschädigungsgesetz vom 18. September 1953 geltend. Alle Anträge, außer im Fall Koop, wurden abgelehnt. Die Nachkriegsbehörden folgten der Kategorisierung als „Asoziale" in Heydrichs Richtlinien vom 4. April 1938. Nur Koop wurde als politisch Verfolgter anerkannt. Nach Auskunft der Bundesregierung waren in den KZ Sachsenhausen und Buchenwald 16.082 Häftlinge der Kategorie „Arbeitsscheu" inhaftiert. Nach den Richtlinien der Bundesregierung über Härteleistungen an Opfer von NS-Unrechtsmaßnahmen erhielten davon 205 Personen einmalige Beihilfen in Höhe von je 2.556,46 Euro.[432]

Nach Kriegsende haben in Ostfriesland über 3.500 Verfolgte Anträge auf Wiedergutmachung für erlittenes Unrecht gestellt. Wie viele Personen entschädigt wurden, ist nicht bekannt.

Aus den Akten der Entschädigungsverfahren ergeben sich Hinweise auf die näheren Umstände der Verhaftungen, insbesondere im Hinblick auf die Mitwirkung von Behörden und das Ausmass der Denunziationen. Und sie werfen ein Licht darauf, wie die NS-Herrschaft sogar nach dem Krieg noch nachwirkte. Die Aussagen der Antragsteller wurden grundsätzlich angezweifelt und die Beweiskraft von Unterlagen und Zeugenaussagen aus der NS-Zeit höher eingeschätzt.

---

431 NLA AU, Rep. 252, Nr. 1947, 1685, 1152, 233, 2663
432 Deutscher Bundestag, Drucksache 16/9887

Aus den Aussagen in den Akten ergibt sich, dass die Männer überrascht und erstaunt über ihre Verhaftung waren. Einige wurden direkt von der Arbeitsstelle von der Polizei „aufgeholt", so dass die Kennzeichnung als „Arbeitsscheu" nur ein Vorwand, aber nicht der wahre Grund für die Verhaftung gewesen sein konnte. So wurde z.B. der Häftling Gerhard Grass aus Collinghorst auf seiner Arbeitsstelle auf dem Hof des Landwirtes Goudschal (Schmerige Hörn) vom Dorfwachtmeister verhaftet. Zu seinen Unterlagen, die er in das Lager mitbrachte, gehörte auch eine Invaliden-Versicherungskarte. Seine Frau war früh gestorben. Er musste kleine Kinder versorgen.[433]

Einem ehemaligen Buchenwald-Häftling, nach Zeugenaussagen ein Mitglied des Reichsbanners Schwarz-Rot-Gold, der für die SPD Plakate geklebt hatte, wurde 1955 im Entschädigungsverfahren nachteilig ausgelegt, dass er 1938 in der Häftlingsliste der Kripostelle Wilhelmshaven in die Kategorie „asozial" eingeordnet war. Außerdem wirkte sich für ihn negativ aus, dass sich in der Fürsorgeakte seines Heimatortes folgende angebliche Aussage seiner Ehefrau vom 8. Februar 1938 fand: „Mein Mann ist arbeitsscheu und verweigert die ihm angetragene Arbeit. Mir gegenüber äußerte er sich, er brauche für ein Weibsstück wie mich nicht zu arbeiten". Die verwendete Sprache entsprach auffällig der NS-Diktion. Der Betroffene, ein Seemann, war nach eigenen Angaben bis kurz vor der Verhaftung in seiner Wohnung durch einen Polizeioberwachtmeister auf Seeschiffen gefahren.

In einem anderen Verfahren war für die Ablehnung der Entschädigung die Aussage vom 18. September 1945 des Landgendarmes ausschlaggebend, der den Antragsteller im Juni 1938 verhaftet hatte. Der Beamte behauptete, ihn seinerzeit verhaftet zu haben, weil er einer Arbeitsaufforderung des Arbeitsamtes nicht nachkam. Es war derselbe Landgendarm (Landjäger), der, wie bereits dargestellt, zwei andere Personen aus seinem Dorf denunzierte. Der Verhaftete war nach seinen Angaben Mitglied der SPD und hatte auch mit Juden Geschäfte abgeschlossen.

---

433 NLA AU Rep. 10 D, Nr. 1114

Auch nach dem Krieg wurde weiter denunziert. So heißt es in einem Schreiben eines Dorfbewohners vom 15. März 1948 an den „Sonderhilfsausschuss für politische Häftlinge": Der X (Die Namen und der Ort wurden im folgenden zum Schutz der hier noch lebenden Familien unkenntlich gemacht. Verf.) ist auf Betreiben seiner Frau und Mutter als arbeitsscheuer Mensch ins K.Z. gekommen. Mit ihm kamen Y und Z von hier weg...für sie (Ehefrau von X. Verf.) war die Verhaftung eine Erlösung...Die „Nazis"...waren zu anständig...und X hätte nur so sozial handeln sollen wie diese...X hat sich die KZ-Zeit selber zuzuschreiben". Einer der genannten Männer starb im KZ.

Die Ortsgruppe der Kommunistischen Partei Deutschlands schrieb demgegenüber am 2. März 1950: „Wir bestätigen hiermit Herrn X, dass er vor 1933 Mitglied der K.P.D. Ortsgruppe...war. Als bekannter Antifaschist wurde er, weil er den unterdrückten Juden Hilfe zuteil werden ließ, ins KZ gebracht. Die Bezeichnung „asozial" ist für ihn nicht zutreffend, sondern beleidigend."

Auch der schon geschilderte Fall Koop aus Bunde belegt, dass nicht „Asozialität" im Sinne des NS-Staates der Grund für die Meldung durch die kommunalen Behörden war. In Leer wurde offensichtlich die Feststellung des Kriminalrates Borrmann der Kripostelle Wilhelmshaven im Schreiben vom 7.Juni 1938 an die Landräte und Bürgermeister, „jetzt sei Gelegenheit alle unliebsamen Elemente loszuwerden", als Aufforderung zur extensiven Auslegung der Anweisungen Heydrichs ausgelegt. Dafür spricht auch die Inhaftierung Peter Janßens, Gastwirt des bekannten Lokals „Wilhelmslust" an der Grenze zwischen Loga und Leer. *(Abb. 14)* Der geschiedene 51-Jährige mit der Häftlingsnummer 7703 war Mitglied der Deutschen Arbeitsfront und hatte keine Vorstrafen. Ein Haftgrund ist nicht feststellbar. Von allen Häftlingen der Leeraner Gruppe war er finanziell am besten ausgestattet. Der Effektenverwalter des KZ registrierte 1938 Einnahmen von 185,00 RM (entsprechend etwa über 800 Euro heute). Nach Ausgaben von 60,00 RM blieb Ende 1938 ein Bestand von 125,00 RM für den Häftling. Janßen wurde im Zuge der „Geburtstagsamnestie" am 20. April 1939 entlassen und konnte der

KZ-Verwaltung die Kosten für seine Rückfahrt in Höhe von 15,00 RM zur Verfügung stellen.

Er überlebte das KZ nicht einmal fünf Jahre und starb im Dezember 1944.

Exkurs: Ostfriesland und die Konzentrationslager Sachsenhausen und Buchenwald

Das KZ Sachsenhausen war das erste Lager, das nach der Ernennung des Reichsführers SS Himmler zum Chef der Deutschen Polizei im Juli 1936 errichtet wurde. Es wurde von dem Architekten SS-Untersturmführer Bernhard Kuiper[434] entworfen. Der Ostfriese Kuiper war schon 1934 Lagerarchitekt im KZ Esterwegen gewesen. Etwa 900 Häftlinge der Emslandlager mit ihren Bewachern errichteten 1936/1937 die Anlage in der Nähe der Reichshauptstadt, auch während der Olympischen Sommerspiele in Berlin.[435] Zwischen 1936 und 1945 waren mehr als 200.000 Menschen inhaftiert. Zunächst hauptsächlich politische Verfolgte, später auch die aus rassischen oder biologischen Gründen Verfolgten, ab 1939 auch Menschen aus den von Deutschland besetzten Gebieten.[436] Das Eingangstor war mit dem Spruch „Arbeit macht frei“ versehen.

Die Wachmannschaft bestand aus der IV/II. TV „Ostfriesland“. Diese SS-Einheit war in dem KZ Oranienburg bei Berlin stationiert und gehörte ab 1937 mit dem V. /TV „Brandenburg“ zum SS-Verband „2. Totenkopfstandarte Brandenburg“. Der IV. Totenkopfsturmbann „Ostfriesland“, bestehend aus mehreren Hundertschaften, war 1936 zusammen mit den Häftlingen des KZ Esterwegen in das Schloss Oranienburg und später in das KZ Sachsenhausen in der Nähe der Reichshauptstadt verlegt worden. Der Verband stellte die Wachmannschaft für das Lager. Seine Stärke betrug 1937 563 Mann.[437]

Die Verbindung zu Ostfriesland bestand nicht nur durch die Namensgebung. Es ist davon auszugehen, dass auch SS-Angehörige aus dem Landkreis Leer zu diesem Verband gehörten. Der Bevölkerung in Leer und Umgebung war die Brutalität der SS-Wachen

434 Geb. 1907 in Möhlenwarf (Landkreis Weener, jetzt Landkreis Leer), gest. 1988 in Leer)
435 Morsch, Günther in „Die nationalsozialistischen Konzentrationslager“, S.122
436 Angaben der Gedenkstätte Sachsenhausen
437 Kaienburg, Hermann, Der Militär- und Wirtschaftskomplex der SS im KZ-Standort Sachsenhausen-Oranienburg, S. 162 ff.

aus dem KZ Esterwegen nicht unbekannt. Diese Männer fuhren mit Lastkraftwagen in die Stadt Leer und die Dörfer des Landkreises, betranken sich und randalierten. Während des Gallimarktes 1934 stürmten Leeraner SA-Leute das Hotel Frisia der Familie Buschmann, in dem jüdische Gäste, vor allem Viehhändler, bewirtet wurden. Hinzu kamen SS-Wachen aus dem KZ Esterwegen. Gemeinsam wurden die jüdischen Gäste misshandelt.[438]

Dabei blieb es nicht. Nach einem Ermittlungsberichts des Ortsgendarmen vom 23. November 1935, fielen siebzig SS-Männer in Loga ein und verprügelten die Gäste in einer Gaststätte.[439]

Durch eine generelle Verfügung des „Führers“ wurden Straftaten der SA und SS bei solchen Vorkommnissen nicht verfolgt.[440]

Das KZ Buchenwald wurde 1937 auf dem Ettersberg im Stadtgebiet Weimar errichtet. Die ersten Schutzhaftgefangenen trafen am 15. Juli 1937 vormittags ein. Sie wurden mit einer Kraftwagenkolonne der SS gebracht. Auch hierbei waren Ostfriesen beteiligt. Der erste Lkw trug die Aufschrift „IV./SS-TV Ostfriesland“. *(Abb. 15)*

1938 befanden sich in Buchenwald 7.420 Inhaftierte, darunter überwiegend Häftlinge aus den Aktionen gegen „Arbeitsscheue“. Seit Bestehen des Lagers sind etwa 56.000 Insassen umgekommen, hinzu kommen Ungezählte, die in andere Lager verbracht wurden und dort gestorben sind.

Die SS trieb die Gefangenen im Bahnhof Weimar durch einen Sonderausgang (den sog. Fürstenausgang) und verfrachtete sie auf Lastkraftwagen, die zum KZ-Gelände auf den Ettersberg fuhren. Himmler 1943:“Den Bahnbau von Weimar nach Buchenwald halte ich für höchst notwendig. Heute im totalen Krieg zur Erleichterung der Fabrikation und zur Ersparnis von Treibstoff, Öl und Gummi.“ [441]

---

438 NLA AU, Rep. 16/1 Nr. 969
439 NLA AU, Rep. 16/1 Nr. 965
440 Amnestie vom 23. März 1933, Vierteljahreshefte für Zeitgeschichte, Dokumentation: Der Fall Potempa, S. 286
441 Heiber, Helmut: Reichführer!, S. 195, Schreiben Himmlers v. 5.3.1943

Über dem Eingangstor zum inneren Lagerbereich wurde der zynische Wahlspruch „Jedem das Seine“ angebracht. Die Insassen wurden schon bei der Ankunft mit äußerster Brutalität behandelt.[442] Ein Häftling aus Loga schilderte seine Aufnahmeprozedur: Drei Wachmänner prügelten mit Gummiknüppeln auf ihn ein, bis er bewusstlos war. Sein Entlassungsgewicht betrug 86 Pfund.[443] Ein anderer Häftling aus Weener wurde mit dem Gewehrkolben geschlagen. Der Ettersberg blieb auch nach der Errichtung des KZ ein beliebtes Ausflugsziel der Weimarer Bevölkerung. Die Wanderer genossen den Blick vom 42 Meter hohen Bismarckturm. Der Weimarer Bürgermeister bedauerte, „dass das Lager dort oben mitten in der Lunge der Stadt Weimar ist...“ [444]

---

442 Kogon, Eugen, Der SS-Staat; Hackett, Der Buchenwald-Report; Konzentrationslager Dokument F321

443 NLA Au Rep. 252, Nr. 1947

444 Heiber, a.a.O.

Nachbemerkung

Während die Verfolgung der jüdischen Mitbürger in Leer früh und umfassend dokumentiert und dargestellt wurde, sind die Schicksale der ASR-Häftlinge wie auch anderer früher Opfergruppen wie Kommunisten, Menschen mit Behinderung, Homosexuelle, Zwangssterilisierte, Sinti und Roma weitgehend aus der Erinnerung verschwunden. Sie gehören zu den fast Vergessenen des Nazi-Terrors in unserer Region.

So hatten die im Verlauf der Aktion „Arbeitsscheu Reich“ inhaftierten Menschen keine „Erinnerungslobby“ nach dem Kriegsende. Die Bundesregierung bekannte 2008: “Bundesministerien und nachgeordnete Behörden...haben bei der Aufarbeitung ihrer Geschichte keine Aktivitäten ergriffen oder geplant, die speziell den Umgang mit den so genannten Asozialen betreffen“.[445]

„Da „Asozialität“ noch immer stigmatisierend wirkte, wollten weder ehemalige „asoziale“ Häftlinge über ihre Verfolgung berichten, noch Verbandsvertreter über deren heutige Situation sprechen“.[446]

Nach dem Krieg änderte sich die von den NS-Propaganda geprägten Ansichten der Menschen ohnehin nicht schlagartig. Karl Polak stellte zum Beispiel den Sozialdemokraten Louis Thelemann, der nach dem Krieg von den Alliierten als Bürgermeister in Leer eingesetzt war, wegen antisemitischer Aussprüche zur Rede. Thelemann war als Sozialdemokrat selbst von den Nazis verfolgt worden.[447]

Der Landrat in Leer beschwerte sich am 5. Januar 1946 bei der Ordnungspolizei über das „herausfordernde Benehmen“ eines ehemaligen KZ-Häftling. Die Beschwerde wurde auf der Rückseite eines Personalblattes der ehemaligen Kreisleitung der NSDAP geschrieben.[448]

---

445 Deutscher Bundestag, Drucksache 16/9887
446 Meyer, Winfried, Gedenkstättenrundbrief 99
447 Karl Polak, Schicksale einer jüdischen Familie, S. 38
448 NLA AU Rep. 32, Nr. 1866

Bürgermeister Drescher wurde, wie dargestellt, wegen einzelner Delikte in Zusammenhang mit der Pogromnacht bestraft.

Landrat Dr. Conring war ab 1940 als „Beauftragter des Reichskommissars für die besetzten Niederlande in der Provinz Groningen“ bis zum Zusammenbruch des NS-Regimes wohl der bedeutendste Ostfriese im nationalsozialistischen Machtapparat.[449] Er war 1953 für kurze Zeit Landtagsabgeordneter (als Nachrücker für den am 31. Januar 1953 verstorbenen Louis Thelemann) und von 1953 bis 1969 Bundestagsabgeordneter der CDU.[450]

1945 wurden von den Alliierten 68 Bürger der Stadt als „aktive Unterstützer“ des Nationalsozialismus eingeordnet, 48 Personen kamen in alliierte Internierungslager.[451]

Diese Studie zeigt, wie schnell Funktionsträger auf kommunaler Ebene aus Opportunismus oder Überzeugung dem nationalsozialistischem Regime zur Hand gingen, Terror gegenüber der Bevölkerung auszuüben. Ihre schuldhafte Verstrickung mit dem Unrechtsregime ermöglichte die Machtausübung bis ins kleinste Dorf.

Die Mehrheitsbevölkerung tolerierte oder unterstützte sogar die Abschaffung eines demokratischen Rechtsstaates.

Ich schließe mit einem Diktum des Historikers David A. Hackett in seinem “Buchenwald - Report“:

„Die Versuchung, die Macht zu missbrauchen, die menschlichen Wesen, die man als „die anderen“ ansieht, als weniger menschlich und weniger lebenswert zu unterdrücken und zu versklaven, hat es überall und zu allen Zeiten gegeben, wie die Ereignisse in vielen Teilen der Welt heute zeigen. Wir dürfen daher nicht zulassen, dass das, was in Buchenwald und in anderen Konzentrationslagern geschehen ist, vergessen wird. Die einzige Waffe, die wir haben, ist die Waffe der Erinnerung.[452]

---

449 Er wird derzeit im Biographischen Lexikon der Ostfriesischen Landschaft als der bedeutendste Ostfriese des 20. Jahrhunderts bezeichnet.

450 Zu den juristischen und öffentlichen Debatten um Conring in der Nachkriegszeit sh. Suhr, Heiko, a.a.O. S.120

451 Weßels, Paul, Stadt und Landkreis Leer

452 Der Buchenwald - Report, S. 49

Anhang:

Namen und Biographien einzelner Opfer der „Aktion Arbeitsscheu Reich (ASR)“ aus dem Landkreis Leer

Im folgenden ein Überblick über die identifizierten 19 Gefangenen des „ASR“-Transportes:

Häftlings-Nr.	Name	Alter	Wohnort	Beruf	Fam. Stand	Entlassen/Gestorben (im KZ)
7713	Bockhoff	32	Ammersum	Landarbeiter	vh. 4 Ki.	Entl. 29.10.1938
7708	Brahms	36	Logaerfeld	Arbeiter	vh. 2 Ki.	Entl. 20.4.1939
7700	Brinkmann	24	Marienheil	Schlosser	ld.	Entl. 14.1.1939
7712	Fecht	36	Klein-Remels	Fischhändler	K.A.	Entl. 23.12.1938
7709	Grass	57	Collinghorst	Bauarbeiter	vh. 6 Ki.	Entl. 19.4.1939
7689	Hafermann	20	Ammersum	Landarbeiter	ld.	Entl. 5.12.1938
7703	Janßen	51	Loga	Gastwirt	gs	Entl. 20.4.1939
7705	Jüchter	38	Heisfelde	Hausierer	vh. 5 Ki.	Gest. 22.7.1938
1944	Koop	47	Bunde	Maurer	vh. 3 Ki.	Entl. 7.9.1940 KZ Sachsenhausen
7706	Kramer	25	Collinghorst	Kraftfahrer		Entl. 19.4.1939

7715	Krämer	28	Weener	Matrose	vh.	Entl. 18.4.1939
7697	Neuhaus	45	Loga/ Heede	Mustermacher		Entl. 20.4.1939
7699	Poelker	26	Westrhaude r-fehn	Schiffer	ld.	Entl. 20.4.1939
7702	Schultz	57	Leer	Straßenarbeiter	vh 8 Ki.	Entl. 23.9.1938
7704	Schüür	35	Loga	Tiefbauarbeiter	vh. 3 Ki.	Entl. 17.9.1938
7701	Slink	48	Loppersum	Schuhmacher	vh 2 Ki	Gest. 30.12.1938
7695	Stichert	57	Neermoor	Landarbeiter	vh	Entl. 20.4.1939
7711	Tiedeken	46	Leer	Schuhmacher-meister	ld.	Gest. 16.12.1938
471 (7710)	Ukena	55	Leer	Kaufmann	ld.	Gest. 13.3.1940

Es können hier nicht umfassende Biographien aller Opfer vorgelegt werden, weil dies die Quellenlage nicht hergibt. Dennoch wird, soweit möglich, die Individualität der Menschen geschildert. Es waren eben nicht Angehörige einer Teilmasse des „Volkskörpers", wie die Nationalsozialisten suggerierten, sondern Menschen mit sehr unterschiedlicher Vita.

Durch Verknüpfung der Erkenntnisse aus den verschiedenen Datenbeständen in den Archiven[453] und Familienunterlagen konnte zu den Einzelpersonen mehr als nur der Namen aus der Veränderungsliste der KZ-Kommandatur ermittelt werden. Bei drei Personen wurden vom Verfasser nahe oder entfernte Verwandte befragt.

Für **Dominikus Tiedeken**, *(Abb. 16)* geb. 25. Mai 1892 in Heisfelde, (Häftlingsnummer 7711) wurde die Schutzhaft am 16. Juni 1938 angeordnet.Er wurde von Emden aus eingeliefert. Der ledige Schuhmachermeister war Mitglied der DAF (Deutsche Arbeitsfront).[454]

453 ITS - Recherche Archiv Nr. 2233
454 NS-Einheitsverband für Arbeitnehmer und Arbeitgeber

Er arbeitete als Selbständiger, der in Leer, nach Erinnerung eines Verwandten, für seine Maßanfertigungen von orthopädischen Schuhen gut angesehen war. Schon sein Vater war Schuhmacher gewesen. Nach den Angaben eines weiteren Zeitzeugen, eines entfernten Verwandten, war er klein gewachsen und hatte einen Buckel. Seine kleine Werkstatt und seine Wohnung befanden sich seit Februar 1938 in der Rathausstraße 30, vorher wohnte er im Conrebbersweg 5. Er hatte aber auch schon in der Königstraße/Ecke Patersgang gewohnt. Ein Bruder wohnte in der Dorfstraße in Heisfelde, seine Schwester Gesine in Leer. Bei ihr kehrte er auch regelmäßig zu den Mahlzeiten ein. Er gehörte der katholischen St. Michael-Gemeinde in der Altstadt an. Er war Soldat im Ersten Weltkrieg. Auch er galt nach den Erinnerungen eines Zeitzeugen in der Stadt als „Querulant". Die NSDAP und die SS waren in einem kleinen Wohnquartier wie der Altstadt immer präsent. Zellenleiter der Ortsgruppe NSDAP Leer/West war SS-Sturmführer Otto Erfkamp, ein Schneider. Auch der von einem Zeitzeugen als Denunziant bezeichnete Korbmacher Menno F. wohnte in der Neuen Straße, in dem jetzigen „Klottjehaus".

Ein konkreter Anlass für seine Verhaftung liess sich nicht ermitteln. Als Behörde, die die Schutzhaft anordnete, ist auf dem Häftlingspersonalbogen die Kripo Hamm neben der Kripo Emden angegeben.[455] Tiedeken war offenkundig nicht vorbestraft und hatte Arbeit. Warum war er in das Visier der Kripo geraten? Hatte er seine in Dortmund lebenden Verwandten besucht[456] und war er dabei der Kripo Hamm durch regimekritische Äußerungen aufgefallen? Warum hatte ihn die Stadt Leer gemeldet?

Bei seiner Einlieferung war Dominikus Tiedeken mit einem Gehrock, einer Hose, Weste, zwei Hemden und einer Unterhose bekleidet. Außerdem trug er einen Kragen mit Binder. Er brachte ein Barvermögen von 6,87 RM mit. Auch Tiedeken war in der Holzbaracke Block 29

455 Das Oberlandesgericht Hamm war auch für die politischen Verfahren des Landgerichts Aurich, das wieder für Ostfriesland zuständig war, nächsthöhere Instanz.

456 Eine günstige Zugverbindung Richtung Dortmund bestand aus einer Abfahrt morgens aus Leer nach Münster und dort weiter mit dem D-Zug über Hamm nach Dortmund

untergebracht. Er hatte keine Gelegenheit, das Geld auszugeben. Er starb am 16. Dezember 1938 um 8.05 Uhr im Krankenrevier an „eitriger Bronchitis". Im Totenbuch des Krankenreviers wurde die Todesmeldung durch den KZ-Kommandanten Koch gegengezeichnet.

Hinrich Jüchter, *(Abb. 17)* am 3.5.1900 in Heisfelde geboren, erhielt die Häftlingsnummer 7705. Als Beruf wurde von der KZ-Verwaltung „Hausierer" angegeben. Jüchter hatte ein Wandergewerbe angemeldet. Er kaufte z.B. bei der Firma Göbel in Leer Textilien ein, mit denen er auf dem Lande handelte.[457]

Altbekannte Hausierer mit einwandfreien Papieren sollten nach einem Rundschreiben der Kripostelle Wilhelmshaven nicht inhaftiert werden, wenn sie den Hausierhandel als Dauerberuf ausübten.[458]

Auch in diesem Fall bleibt im Dunkeln, welche tatsächlichen Gründe für die Verhaftung bei ihm ausschlaggebend waren.

Hatte Jüchter während seiner zahlreichen Handelsreisen durch Ostfriesland in einer Gaststätte unbedachte Äußerungen getan und war er deshalb denunziert worden? So vermutet es eine Tochter.

Hinrich Jüchter war bei der Einlieferung mit einem Rock, einem Kittel, einer Hose, einer Weste, einem Hemd und einer Unterhose bekleidet.

Nach Angaben einer Tochter wurde er von mehreren Männern während der Abwesenheit seiner Frau im Beisein seiner Kinder aus der Familienwohnung in Heisfelde, Buschweg 2 „abgeholt".

Den Ablauf einer solchen Verhaftungsaktion schildern Mutter und Kinder der Familie P. aus Loga für die Verhaftung des Ehemanns und Vaters am 17. Juli 1937: "Sie kamen mit ungefähr sieben oder acht Mann und brüllten: "Aufmachen, Gestapo"... „Wir mussten alle im Bett liegen bleiben. Keiner durfte hinausgehen. Die kamen mit der Pistole in der Hand rein. Und dann musste sich mein Vater Ruck-Zuck anziehen...Vor allen Türen und Fenstern stand jemand

---

457 NLA AU, Rep. 252 Nr. 2663
458 NLA OL, Rundschreiben v. 7.6.1938, a.a.O.

von der Gestapo...Das war nachts zwischen 3.00 und 4.00 Uhr... Meinen Vater haben sie zuerst nach Aurich gebracht..." [459]

Hinrich Jüchter starb nach weniger als einem Monat Aufenthalt im KZ am 22. Juli 1938, nach widersprüchlichen Angaben der KZ-Verwaltung, morgens um 6.00 Uhr oder um 01.10 Uhr im Krankenrevier an „doppelseitiger Lungenentzündung". *(Abb. 18)* Noch am 6. Juli 1938 hatte er eine von der Lagerverwaltung zensierte Karte nach Hause geschrieben.[460] Er teilte seiner Ehefrau mit, er sei „gesund und munter", eine von der KZ-Verwaltung vorgegebene Standardaussage. Sie wird auch in den Briefen Lambertus Koops verwendet. Sein Tod wurde vom KZ-Kommandanten Koch „abgezeichnet". An seinem Todestag waren 7.906 Mann inhaftiert.

Jüchter war seit dem 3. April 1921 verheiratet und hinterließ seine Ehefrau, zwei Töchter und drei Söhne. Seine Eltern waren der Fuhrmann Wilhelm Jüchter und Ehefrau Harmine aus Loga. Zum Zeitpunkt seines Todes lebte seine Mutter noch. Die jüngste Tochter lebt heute in der Nähe von Leer. Nach ihrer Erinnerung fuhren ihre Mutter und ihr Bruder nach Weimar, um dem Toten vor der Einäscherung die letzte Ehre zu erweisen. Ihnen wurde nur ein kurzer, eingeschränkter Blick unter Bewachung der SS gestattet. Die Urne wurde in Leer beigesetzt.

Von nun an musste seine Witwe mit ihren fünf Kindern die Familie ernähren. Eine Kuh wurde gehalten und ab und an ein Schwein gemästet. Verwandte halfen. Auf der Rückseite eines Familienfotos schrieb eine der Töchter:

„Wir waren arm; und doch so reich an Glück, an eine sorgenlose Zeit, die du uns Mutter gegeben hast"

459 Poppinga/Barth/Roth, - Ostfriesland - Biographien aus dem Widerstand

460 Jedes KZ hatte eine Zensurstelle. Beispielhaft ein Auszug aus § 8 der Disziplinar- und Strafordnung des KZ Esterwegen: „Mit 14 Tagen Arrest und mit 25 Stockhieben zu Beginn und am Ende der Strafe werden bestraft: wer in Briefen...Vorgänge im Konzentrationslager mitteilt." Heinrich Heeren, Der Postverkehr mit den Emslandlagern

Warum erlaubte die SS nur einen eingeschränkten Blick auf den Leichnam? Die Angaben über die Todesursachen der KZ-Verwaltung entsprachen in den wenigsten Fällen der Wahrheit. Sie wurden standardmäßig eingetragen. Was wirklich mit Heinrich Jüchter geschah, bleibt ungeklärt.

Der am 21. März 1902 in Heisfelde geborene 36-jährige Arbeiter Hermann Brahms war verheiratet und wohnte im Mettjeweg. Die Haft wurde am 15. Juni 1938 durch die Kripo Wilhelmshaven angeordnet.

Eine spezielle Begründung dafür ist in seiner Häftlingspersonalkarte nicht angegeben. In der Rubrik „Vorstrafen“ ist aufgeführt:“3. Hehlerei 30 RM“. Bei der Einlieferung trug er laut der „Effektenkarte“ der Lagerverwaltung Unterhose, Hemd, Hose, Weste, Pullover, Schuhe, Strümpfe und Ledergamaschen. Auch Brahms war im Block 29 untergebracht.

Aus Anlass des 50. Geburtstages von Hitler am 20. April 1939 wurden etwa 2.300 Häftlinge auf Anordnung des Reichskriminalpolizeiamtes Berlin (RKPA) aus dem KZ Buchenwald entlassen. Diese Entlassungsaktion wurde durch den schon erwähnten Erlass vom 5. April 1939 geregelt. In den dazu ergangenen Richtlinien wurden zehn Kriterien als Entlassungsgrund genannt. Nach den Angaben in der Häftlingspersonalkarte könnte Brahms zu der in Ziff. 3 genannten Kategorie der sog. Wirtschaftsschädlinge, die wegen kleiner Verstöße bereits seit einem halben Jahr inhaftiert waren, gehört haben. Vorrang für eine Entlassung hatten nach dem genannten Erlass auch verheiratete Häftlinge mit Kindern unter 16 Jahren.

Nach der Entlassung hielt die Bedrohung durch die Staatsgewalt jedoch an. So ist ein Merkblatt aus Sachsen erhalten, das den Entlassenen von der Gestapo ausgehändigt wurde. Es enthielt unverhohlene Drohung:“...Der heutige Staat steht fest...Er verfügt über genug Machtmittel, jeden Staatsfeind sofort unschädlich zu machen...“.[461]

---

461 Gedenkstätte Buchenwald, Archiv 52-11-136

Der ehemalige Buchenwald - Häftling und spätere Historiker Eugen Kogon, schrieb hierzu: „Es ist nur zu begreiflich, dass fast jeder Entlassene unter dem Eindruck des Erlebten und unter der beständigen Drohung, der er unterstand..., nur mehr als leiblich oder zumindest als politisch gebrochener Mensch weiterlebte.[462] Hermann Brahms starb im Jahre 1951 im Alter von 49 Jahren in Leer.

Mit dem Transport der Häftlinge aus dem Landkreis Leer wurde auch der Schuhmacher Jan Slink, geboren am 9. April 1890 in Grimersum, in das Lager eingeliefert. Er wohnte mit seiner Ehefrau und zwei Kindern in Loppersum bei Emden (die Gemeinde gehörte ab 1932 zum Landkreis Leer) und wurde am 14. Juni 1938 von der Kripo Emden verhaftet. Er war nicht vorbestraft. Seine Häftlingspersonalkarte weist keinen Verhaftungsgrund aus. Nach einer Mitteilung der „Abt. III der Schutzhaftlagerführung“ an die Kommandantur starb Jan Slink am 30. Dezember 1938 um 20.15 Uhr an „Allgemeiner Blutvergiftung“ im Krankenrevier. Mit ihm starben vier weitere Häftlinge. Nach dem Dienstbuch des Krankenreviers befanden sich 211 Häftlinge dort, bei einer Gesamtbelegung des Lagers von 10. 996 Mann.

Der Maurer **Lambertus Koop** (geb. 15. November 1890 in Bunde, dort gestorben am 23. September 1965) hatte spezielle Kenntnisse u.a. für Klinkermauern, Treppenbau, Bogen und Ecken, Backöfen und Stuckarbeiten. Er war bis zu seiner Verhaftung am 1. Mai 1938 bei verschiedenen renommierten Baugeschäften in Leer und Umgebung tätig.[463] Er hatte sich im Alter von achtundzwanzig Jahren der KPD angeschlossen.

Bei den Kommunalwahlen 1929 im Flecken Bunde bewarb sich erstmals die KPD neben der SPD und der Bürgerlichen Einheitsliste um Sitze im Gemeinderat. Lambertus Koop stand auf Platz 1 der KPD-Liste. Die Bürgerliche Liste erhielt 541 Stimmen (60,0 %), die SPD 290 Stimmen (32,1 %) und die Kommunisten 71 Stimmen (7,9 %) und damit einen Sitz, den Lambertus Koop einnahm.[464]

462 Kogon, Eugen, Der SS-Staat, S. 304

463 Arbeitsbuch Nr. 114-W-4220 v. 18.3.1936 in Familienbesitz

464 Der gewählte KPD - Vertreter Jan Haken wurde „auf Verfügung des Landrats in Leer ▶

Bei den Kommunalwahlen im März 1933 fielen 482 Stimmen (42,2 %) an die NSDAP, 303 (26.5%) Stimmen an die Bürgerliche Liste, 260 Stimmen (22,8 %) an die SPD und 97 Stimmen (8,5 %) an die KPD. Lambertus Koop wurde, wie bereits dargestellt, am 1. Mai 1938 in Bunde verhaftet und dann am Dienstag, dem 28. Juni 1938, 3.30 Uhr, vom Gerichtsgefängnis in Leer mit der Bahn über Oldenburg, Bremen, Hannover und Berlin in das KZ Sachsenhausen gebracht, wo er am 4. Juli ankam und in den Block 53 gebracht wurde.[465] Er war als „Schutzhäftling" bis zum November des Jahres in verschiedenen Blöcken untergebracht, von Dezember 1938 bis zu seiner Entlassung am 7. September 1940 in Block 3. Seine Häftlingsnummer war bis Juni 1940 „1944", ab dann „10961".

Aus der Haft schrieb er fünfundvierzig Briefe an seine Frau und die Kinder. Die Briefe wurden zensiert. Den ersten Brief schrieb er am Tag nach seiner Ankunft im Lager. *(Abb. 19 u. 20)*

Immer wieder appellierte er in diesen Briefen an seine Familie mit den Verantwortlichen in Bunde und Leer über seine Freilassung zu sprechen. So mit dem ranghöchsten Beamten nach dem Landrat, Kreisoberinspektor Müller als Vertreter der Behörde, die ihn der Gestapo gemeldet hatte, mit dem Ortsgendarmen Buller und dem NSDAP-Ortsgruppenleiter Beenen, der 1932 für die NSDAP in den Leeraner Kreistag einzog. Auch versuchte er, seinen letzten Arbeitgeber, Friedrich Fletemeyer, für seine Freilassung zu aktivieren. Der war Mitglied der Kreisleitung der NSDAP. Sein Sohn Karl hat ausführlich aus eigener Kenntnis und den Schilderungen seines Vaters über die Verhaftungsaktion und die Haftzeit im KZ Sachsenhausen schriftlich berichtet.[466] Koop war im Lager als Maurer beim Zaunkommando und anderen Baustellen eingesetzt. Er hatte grausame Misshandlungen von Häftlingen beobachtet.

nicht eingeladen". Grundlage dieser Verfügung war ein Erlass des Reichskommissars für das Land Preußen Hermann Göring vom 22. März 1933. Danach durften gewählte KPD-Mitglieder nicht an Sitzungen der Gemeinderäte teilnehmen, „da sie sämtlich unter dem Verdacht des Hochverrates stehen".

465 Briefe vom 5.7. und 10.7.1938 (Familienbesitz)

466 Wiemann, Harm a.a.O

Während der Haft konnte er zeitweise die „Ostfriesische Tageszeitung“, die offizielle Zeitung der NSDAP, lesen. Die Zeitung erhielt er „von einem Kameraden aus Leer“ nämlich „von einem Elso Lüken aus Loga“.[467] Der Landwirt Elso Lüken war als „Bibelforscher“ (Mitglied der „Zeugen Jehovas“) seit dem 3. August 1938 als „Schutzhäftling“ mit der Häftlingsnummer 1977 im Lager. Zeitweise waren er und Lambertus Koop gleichzeitig in Block 53 untergebracht. Lüken starb am 20. April 1940 um 6.30 Uhr im Lager.[468]

Ab 13. August 1940 wurde Koop mit der Häftlingsnummer 10961 in einem Arbeitskommando/Aussenlager in Berlin-Lichterfelde eingesetzt. Dieses Arbeitskommando arbeitete für SS-Dienststellen in Berlin. Von dort aus wurde er am 7. September 1940 entlassen.[469] Koop vermutete, dass er seine Entlassung der Fürsprache eines ebenfalls plattdeutsch sprechenden Mitgliedes des Wachpersonals zu verdanken habe. Der Sturmbann IV./TV-“Ostfriesland stellte die Wachmannschaft des Lagers. Wenige Tage nach seiner Entlassung war er bereits wieder als Maurer tätig, um den Lebensunterhalt seiner Familie sicherzustellen.

Er wurde nach dem Krieg wegen seiner Mitgliedschaft in der KPD als vom NS-Regime politisch Verfolgter anerkannt und erhielt ab 1956 eine Rente und eine einmalige Kapitalentschädigung für die erlittenen gesundheitlichen Schäden.

---

467 Briefe vom 19.3.1939 und 23.7.1939 (a.a.O.)
468 Ein Drittel der etwa 30.000 Zeugen Jehovas im Reichsgebiet wurden inhaftiert, davon 2000 in Lagern. Etwa die Hälfte starb dort. Richard J. Evans, a.a.O., S. 313
469 Archiv Gedenkstätte KZ Sachsenhausen, JSU 1/95, Bl. 215/216

Verwendete Literatur

Aly, Götz: *Hitlers Volksstaat. Raub, Rassenkrieg und nationaler Sozialismus. Frankfurt am Main (S. Fischer Verlag) 2005*

Aly, Götz: *Warum die Deutschen? Warum die Juden? Gleichheit, Neid und Rassenhass, Frankfurt am Main (S. Fischer Verlag) 2. Auflage 2011*

Aly, Götz: *Volk ohne Mitte, Frankfurt am Main (S. Fischer Verlag) 2015*

Aust, Stefan/Spörl, Gerhard (HG): *Die Gegenwart der Vergangenheit. Der lange Schatten des Dritten Reiches. München (Deutsche Verlags-Anstalt) 2004*

Ayaß, Wolfgang: *Die mit dem schwarzen Winkel, Der Freitag, 15.2.2008*

Ayaß, Wolfgang (Bearbeiter): *„Gemeinschaftsfremde", Materialien aus dem Bundesarchiv, Heft 5, Koblenz 1998*

Bajohr, Frank:: „Unser Hotel ist judenfrei". Frankfurt (S. Fischer Verlag) 2003

Bajohr, Frank u. Wildt, Michael (Hrg.): Volksgemeinschaft Neue Forschungen zur Gesellschaft des Nationalsozialismus. Frankfurt am Main (S. Fischer Verlag) 2012

Bajohr, Frank/Pohl, Dieter: Massenmord und schlechtes Gewissen. Frankfurt (S. Fischer Verlag) 2008

Benz, Wolfgang (Hg.), Dimension des Völkermords, München (Deutscher Taschenbuchverlag) 1996

Berger, Thomas: „Lebenssituationen unter der Herrschaft des Nationalsozialismus" Hannover: Nds. Landeszentrale für politische Bildung, 1981

Bergschicker, Heinz: Deutsche Chronik 1933-1945, Alltag im Faschismus. Berlin (West) (Elefanten Press Verlag) 1983

Bertelsmann Stiftung, Autoren Hagemann, Steffen und Nathanson, Roby: Deutschland und Israel heute, Gütersloh 2015

Binder, Gerhart: Epoche der Entscheidungen. Stuttgart (Seewald Verlag) 1960

Biographisches Handbuch der Mitglieder des Deutschen Bundestages 1949 - 2002, hg. von Rudolf Vierhaus und Ludolf Herbst, Bd. 1, München 2002

Boberach, Heinz (Hg.): Meldungen aus dem Reich, Auswahl aus den geheimen Lageberichten des Sicherheitsdienstes der SS 1939 - 1944. München (dtv dokumente) 1968

Boiten, E. A. J.: Groningen in oorlogstijd: aspecten van de bezettingsjaren 1940-1945. Groningen (Knoop & Niemeijer) 1980

Dr. P. J. Bouman, DE APRIL-MEI-STAKENINGEN VAN 1943, `S-Gravenhage (Martinus Nijhoff) 1950

Bourke-White, Margaret: Deutschland April 1945. München (Schirmer-Mosel) 1979

Bräuninger, Werner: Hitlers Kontrahenten in der NSDAP. München (F.A. Herbig Verlagsbuchhandlung) 2004

Brinks, Monique: Het Scholtenhuis 1940 - 1945, Deel 2: Daders. Bedum/Groningen (Profiel Uitgeverij und Oorlogs- en Verzetcentrum Groningen, 2013)

Broszat, Martin: Konzentrationslager. In: Anatomie des SS-Staates, Band 2. München (Deutscher Taschenbuch Verlag) 1967

Buchheim, Hans: Anatomie des SS-Staates, Band 1. München (Deutscher Taschenbuch Verlag) 1967

Buchheim, Hans: SS und Polizei im NS-Staat, Duisburg bei Bonn (Selbstverlag der Studiengesellschaft für Zeitprobleme) 1964

Carlebach, Emil/Grünewald, Paul/Röder, Helmut/Schmidt, Willy/ Vielhauer, Walter: Buchenwald. Ein Konzentrationslager. Bericht der ehemaligen KZ-Häftlinge. Frankfurt am Main (Röderberg-Verlag) 1984

Conze/Frei/Hayes/Zimmermann: Das Amt und die Vergangenheit, Deutsche Diplomaten im Dritten Reich und in der Bundesrepublik, 2. Auflage, München, Karl Blessing Verlag 2010

Craig, Gordon A.: Über die Deutschen, 2. Auflage, München (Deutscher Taschenbuch Verlag) 1985

Dams, Carsten/Stolle, Michael: Die Gestapo. Herrschaft und Terror im Dritten Reich. München (C.H. Beck) 2008

Deutscher Bundestag: Fragen an die deutsche Geschichte: Ideen, Kräfte, Entscheidungen von 1800 bis zur Gegenwart: historische Ausstellung im Reichstagsgebäude in Berlin: Katalog 16. Auflage. Bonn: Deutscher Bundestag, 1990

Die Zeit: Geschichte. Epochen. Menschen. Ideen. Nr. 4, 2010. Hamburg (Zeitverlag Gerd Bucerius) 2010

Eimers, Enno: Kleine Geschichte der Stadt Leer. Leer (Verlag Schuster) 1993

Enzyklopädie des Holocaust. 3 Bände. Deutsche *Hg.: Eberhard Jäckel, Peter Longerich, Julius Schöps.* Berlin 1993

Enzyklopädie des Nationalsozialismus. *Hg.: Wolfgang Benz, Hermann Graml und Hermann Weiß.* München (dtv) 2007

Evangelische Verlagsanstalt Berlin: Der Prediger von Buchenwald. Berlin (Evangelische Verlagsanstalt) 1966

Evans, Richard J.: Das Dritte Reich. Band 1-3. München (dtv) 2005

Fallada, Hans: Jeder stirbt für sich allein. Berlin (Aufbau Verlag) 2011

Faludi, Christian (Hg.): Die „Juni-Aktion“ 1938. Frankfurt/New York (Campus Verlag) 2013

Focke, Harald/Reimer, Uwe: Alltag unterm Hakenkreuz: Wie die Nazis das Leben der Deutschen veränderten. Band 1. (Rowohlt Taschenbuch Verlag) 1979

Freund, Michael: Deutschland unter dem Hakenkreuz: Entstehung und Zusammenbruch der nationalsozialistischen Herrschaft. München (Goldmann) 1981

GEOEPOCHE, Deutschland unter dem Hakenkreuz Band 2. Hamburg (Gruner + Jahr) 2012

Graalmann, Theus: „Mit offenen Blick und Warmen Herzen" 75 Jahre Sozialdemokratie in Bunde 1919 - 1994. Bunde 1994

Grüttner, Michael: Brandstifter und Biedermänner, Deutschland 1933 – 1939, Stuttgart (Klett-Cotta) 2015

Hackett, David A.: Der Buchenwald - Report. Bericht über das Konzentrationslager Buchenwald bei Weimar. München (C.H. Beck) 1996

Haffner, Sebastian: Anmerkungen zu Hitler. Frankfurt am Main (Büchergilde Gutenberg) 1981

Haffner, Sebastian: Von Bismarck zu Hitler. München (Droemer Taschenbuch) 2015

Heeren, Heinrich: Der Postverkehr mit den Emslandlagern 1870 bis 1950. Dokumentations- und Informationszentrum (DIZ), Papenburg 2006

Heese, Thorsten (Hg.): Topografien des Terrors, Nationalsozialismus in Osnabrück. Osnabrück (Rasch Verlag Bramsche) 2015

Heiber, Herbert (Hg): Reichsführer! Briefe an und von Himmler. Stuttgart (Deutsche Verlagsanstalt) 1968

Herbert, Ulrich/Orth, Karin/Dieckmann, Christoph: Die nationalsozialistischen Konzentrationslager. Band 1 und 2. Frankfurt am Main (Fischer Taschenbuch Verlag) 2002

Hermann, Michael (Hg): Das 20. Jahrhundert im Blick. Beiträge zur ostfriesischen Zeitgeschichte. Bernhard Parisius zum 65. Geburtstag. Aurich (Ostfriesische Landschaft) 2015.

Himmler, Katrin/Wildt, Michael: Himmler privat, Briefe eines Massenmörders. München (Piper) 2014

Höhne, Heinz: Der Orden unter dem Totenkopf, Die Geschichte der SS. München (Bassermann Verlag) 2008

Internationales Buchenwald-Komitee, Komitee der Antifaschistischen Widerstandskämpfer der Deutschen Demokratischen Republik, *Heinz Barthel (Hg):* Buchenwald, Mahnung und Verpflichtung. Berlin (Kongress Verlag) 1960

Jacobsen, Hans - Adolf: Kommissarbefehl. In: Anatomie des SS-Staates, Band 2. München (Deutscher Taschenbuch Verlag) 1967

Jäckel, Eberhard: Das deutsche Jahrhundert. Frankfurt am Main (Fischer Taschenbuch Verlag) 1999

Justizbehörde Hamburg (Hg.): „Für Führer, Volk und Vaterland..." Hamburger Justiz im Nationalsozialismus. Hamburg (Ergebnisse Verlag) 1992

Janssen, Albert: In: Ostfriesland - Zwischen Republik und Diktatur. Aurich (Ostfriesische Landschaft) 1998

Jaspers, Karl: Die Schuldfrage (1946). München (Piper) 1987

Kaienburg, Hermann: Der Militär- und Wirtschaftskomplex der SS im KZ-Standort Sachsenhausen - Oranienburg. Berlin (Metropol-Verlag) 2006

Kaupen-Haas, Heidrun (Hg.): Der Griff nach der Bevölkerung, Aktualität und Kontinuität nazistischer Bevölkerungspolitik. Schriften der Hamburger Stiftung für Sozialgeschichte des 20. Jahrhunderts, Band 1. Nördlingen (Greno Verlag) 1886

Kaymer, Jan und Möhlmann, Ralf (Bearb.): Die Chronik Detern. Filsum (Kulturkreis Jümme) 2015

Kershaw, Ian: Der NS-Staat. Stuttgart (Deutsche Verlagsanstalt)

Kershaw, Ian: Das Ende. Kampf bis in den Untergang NS-Deutschland 1944/1945 , Stuttgart (Deutsche Verlagsanstalt) 2013

Kershaw, Ian: Höllensturz Europa 1914 bis 1949. München (Deutsche Verlagsanstalt) 2016

Klee, Ernst: Das Personenlexikon zum Dritten Reich. Hamburg (Nikol Verlag) 2016

Klee, Ernst: Deutsche Medizin im Dritten Reich. Karrieren vor und nach 1945. Frankfurt am Main (S. Fischer Verlag) 2001

Knopp, Guido: Hitlers nützliche Idole. München (C. Bertelsmann Verlag) 2007

Kogon, Eugen: Der SS-Staat. Das System der deutschen Konzentrationslager. München (Wilhelm Heine Verlag) 1974

Konzentrationslager. Dokument F 321 für den Internationalen Militärgerichtshof Nürnberg. Frankfurt am Main (Zweitausendundeins) 1988

Komitee der Antifaschistischen Widerstandskämpfer der Deutschen Demokratischen Republik: SS im Einsatz: eine Dokumentation über die Verbrechen der SS. Berlin (Kongress Verlag) 1957

Krausnick, Helmut: Judenverfolgung. In: Anatomie des SS-Staates, Band 2. München (Deutscher Taschenbuch Verlag) 1967

Kubetzky, Thomas: „Alles Erbkranke (ist) lückenlos auszumerzen“, Die Anwendung des Erbgesundheitsgesetzes im Freistaat Braunschweig 1934 - 1945. Celle (Stiftung niedersächsischer Gedenkstätten) 2015

Landkreis Leer (Hg.): 125 Landkreis Leer, 2010

Lang, Hans - Joachim: Die Namen der Nummern. Wie es gelang, die 86 Opfer eines NS-Verbrechens zu identifizieren. Hamburg 2004

Langhammer, Sven: in Hallesche Beiträge zur Zeitgeschichte 2007/1 (Heft 17), Martin - Luther - Universität Halle - Wittenberg

Le Bon, Gustave: Psychologie der Massen, Hamburg (Nikol -Verlag) 2014

Meier, Christian: Das Gebot zu vergessen und die Unabweisbarkeit des Erinnerns. Vom öffentlichen Umgang mit schlimmer Vergangenheit. München (Siedler Verlag) 2010

Mommsen, Hans: Aufstieg und Untergang der Republik von Weimar. Berlin(Ullstein Buchverlag) 2009

Müller, Xaver Eberhard in „Die rechtliche Stellung des Staatskommissars aufgrund des § 66 des preußischen Gemeindeverfassungsgesetzes“, Düsseldorf (Verlag G.H. Nolte) 1935

Nannen, Stephanie: Henri Nannen - Ein Stern und sein Kosmos -. München (C. Bertelsmann Verlag) 2013

Nestler, Ludwig: Die faschistische Okkupationspolitik in Belgien, Luxemburg und den Niederlanden (1940-1945). Band 8 Europa unterm Hakenkreuz; Achtbändige Dokumentation. DDR - Berlin (Deutscher Verlag der Wissenschaften) 1990

Niemeijer, Jan A., Haren: Groningen 1940 - 1945. Leeuwarden (Friese Pers Boekerij bv) 1983

Noakes, Jeremy: The Nazi Party in Lower Saxony 1921 - 1933. Oxford (Oxford University Press) 1971

Ostfriesische Landschaft: Jahresbericht 2009. Aurich (Ostfriesische Landschaft) 2010

Ostfriesische Landschaft: Emder Jahrbuch für historische Landeskunde Ostfrieslands. Aurich (Ostfriesische Landschaft) 1998 und 2004

Ostfriesische Landschaft Hrg.: Ostfriesland im Dritten Reich: Die Anfänge der nationalsozialistischen Gewaltherrschaft im Regierungsbezirk Aurich 1933-1938. Aurich (Ostfriesische Landschaft) 1999

Ostfriesische Landschaft: Ostfriesland zwischen Republik und Diktatur, Aurich 1998

Parisius, Bernhard: Das Kriegsende in Ostfriesland 1945, Vortrag zur Gedenkveranstaltung in der Martin-Luther-Kirche in Emden am 4. Mai 2005

Poppinga, Onno/Barth, Hans Martin/Roth, Hiltraud: Biographien aus dem Widerstand. Frankfurt am Main (Syndikat) 1977

Polak, Karl: 1938 - 1988, Schicksal einer Jüdischen Familie, zusammengestellt von Theodor Prahm, Leer-Oldenburg 1988

Rademacher, Michael: Die Kreisleiter der NADAP im Gau Weser-Ems. Marburg (Tectum Verlag) 2005

Reeken, Dietmar von: Heimatbewegung, Kulturpolitik und Nationalsozialismus: Die Geschichte der "Ostfriesischen Landschaft" 1918-1949. Aurich (Ostfriesische Landschaft) 1995

Rohde, Reinhard und Wegerner, Tim: Celle im Nationalsozialismus. Celle (Stadt Celle) 2012

Röhl, John C.G.: Kaiser, Hof und Staat. München (Verlag C H. Beck) 2002

Matthäus, Jürgen/Bajohr, Frank (Hg.): Alfred Rosenberg, Die Tagebücher von 1934 bis 1944. Frankfurt am Main (S. Fischer) 2015

Saul, Carl Theodor: Liebe kleine Stadt. Erinnerungen an Leer um die Jahrhundertwende. Leer (Verlag Schuster) 1988

Schleupner, Franziska: „Arbeitsscheu Reich“, Die Sonderaktion der Geheimen Staatspolizei im April 1938. Würzburg (Verlag Königshausen & Neumann) 2014

Schulte, Jan Erik & Wala, Michael (Hg.): Widerstand und Auswärtiges Amt, München (Siedler-Verlag) 2013

Schumann, Wolfgang, Nestler, Ludwig (Hg.): Nacht über Europa Die faschistische Okkupationspolitik in Polen (1939 -1945). Köln (Pahl-Rugenstein Verlag GmbH) 1989

Schwartz, Michael: Bernhard Bavink: Völkische Weltanschauung - Rasenhygiene - „Vernichtung lebensunwerten Lebens“, Wissenschaftliches Gutachten im Auftrag der Stadt Bielefeld. Bielefeld (Stadtarchiv und Landesgeschichtliche Bibliothek) Band 13 (1993)

Schreiber, Carsten: Elite im Verborgenen. München (R. Oldenbourg Verlag) 2008

Siefkes, Wilhelmine: Erinnerungen. Leer (Verlag Schuster) 1979

Soltau, Heinrich: Ostfreesland. Kalender für Jedermann 1938. Norden (Heinrich Soltau, Buchdruckerei und Verlagsanstalt) 1937

Soltau, Heinrich: Ostfreesland. Kalender für Jedermann 1964. Norden (Heinrich Soltau, Buchdruckerei und Verlagsanstalt) 1964

Sozialdemokratische Partei Deutschlands: Deutschland-Berichte der Sozialdemokratischen Partei Deutschlands (Sopade) 1934-1940,Band 7. Frankfurt am Main (Verlag Petra Nettelbeck) 1940

Stadt Leer (Ostfriesland): Dokumentation "Leer 1933-1945. Leer (Stadt Leer) 2001

Stadt Leer (Ostfriesland): Leer: Gestern - Heute - Morgen. Leer (Verlag Gerhard Rautenberg) 1973

Stein, Harry/Gedenkstätte Buchenwald: Konzentrationslager Buchenwald 1937-1945. Begleitband zur ständigen historischen Ausstellung. Göttingen (Wallstein Verlag) 1999

Steuer, Heiko in: Lehmann, Oexle, Nationalsozialismus in der Kulturwissenschaft. Göttingen (Vandenhoek & Ruprecht) 2004

Strasser, Johano: Leben oder Überleben. Wider die Zurichtung des Menschen zu einem Element des Marktes. Zürich (Pendo Verlag) 2001

Teuber, Werner: Jüdische Viehhändler in Ostfriesland und im nördlichen Emsland 1871-1942. Band 4 Schriften des Instituts für Geschichte und Historische Landesforschung. Vechta. Cloppenburg (Verlag Runge) 1995

Toller, Ernst: Eine Jugend in Deutschland. Stuttgart (Reclam) 2011. Ursprünglich Querido Verlag N.V. Amsterdam 1933

Umbreit, Hans: Deutsche Militärverwaltungen 1938/39: die militärische Besetzung der Tschechoslowakei und Polens. Stuttgart (Deutsche Verlagsanstalt) 1977

Wagner, Herbert: Die Gestapo war nicht allein: Politische Sozialkontrolle und Staatsterror im deutsch - niederländischen Grenzgebiet 1929-1945. Münster (LIT Verlag) 2004

Weber, Thomas: Wie Adolf Hitler zum Nazi wurde. Berlin (Ullstein Buchverlag) 2016

Westemeier, Jens: Hitlers Krieger: Joachim Peiper und die Waffen-SS in Krieg und Nachkriegszeit

Wirsching, Andreas (Hrsg.): Das Jahr 1933. Dachauer Symposien zur Zeitgeschichte Band 9. Göttingen (Wallstein Verlag) 2009

Weßels, Paul: Stadt und Landkreis Leer. Aurich (Ostfriesische Landschaft)